人生のあらゆる悩みを
2時間で解決できる!

ブッダの教え
見るだけノート

監修
大愚元勝
Taigu Gensho

宝島社

人生のあらゆる悩みを2時間で解決できる！

ブッダの教え 見るだけノート

監修 | 大愚 元勝 | Taigu Gensho

宝島社

「苦を手放し、明るく生きる」これこそがブッダの教えです

そもそも、人の苦しみはどこからきているのでしょうか？　それは人が持つ「もっと欲しい」という欲にあります。

たとえば、男性が綺麗な花を見つけて「綺麗だなぁ」と思い、大切な人にあげたいという想いで花を摘（つ）んで帰ったとします。しかし、1本では満足せず、10本、100本と欲しがるようになり、うまくいかなかったときに欲が苦に変わります。

つまり、お金が欲しい、結婚したい、健康でありたい、といった自然な思いでも、思いが強くなると得られなかったときの苦しみも大きくなるのです。この苦しみが「執着（しゅうじゃく）」です。この心のメカニズムを、ブッダが発見しました。

ブッダの教えを学んでいくと、「苦」と感じていることは、あらゆることに対する「執着」であったということに気づくわけです。

ですが、その「執着」を手放しなさいと言われ、ハイッと、手放せる人のほうが少ないのです。でも、「気づく」ことならすぐに始められます。「あらゆる苦しみの源（みなもと）っていうのは、自分の心がつくり出しているんだ」と、みずからそこに気づいたときに、この「執着」を少しでも薄めていくことができます。

そしてそれを続けていくうちに「執着」を手放せるように、つまり「苦」を手放せるようになります。そうすれば、ちょっとでも明るく現世（げんせ）を生きていくことができるようになるでしょう。

本書では、その「気づき」のお手伝いができればと、皆さんが抱える心の問題と向き合いやすいように「お金・仕事」「人間関係」「将来・生き方」「体と心の健康」と４つの章（Chapter）に分けてご紹介しました。あらゆる場面で「執着＝苦」を手放せるようになると、本当に不思議なものでだんだん仕事もうまくいく、人間関係もうまくいく、健康になる……と、明るく生きられるようになるでしょう。

大愚元勝（たいぐげんしょう）

人生のあらゆる悩みを
2時間で解決できる！

ブッダの教え 見るだけノート

Contents

Chapter2
人間関係の教え

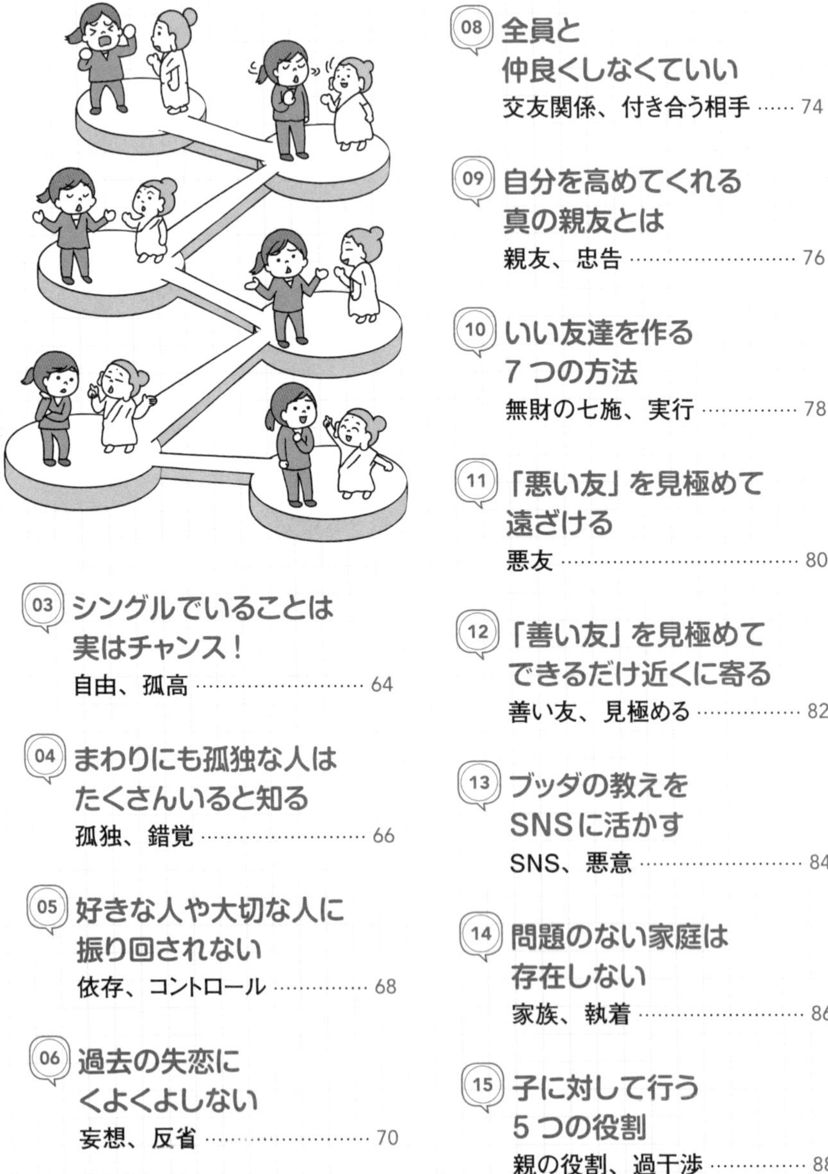

Chapter3
将来・生き方の教え

Chapter4 体と心の健康の教え

ブッダ（仏陀）

「ブッダの教え」に触れる前に、そもそも、ブッダ（仏陀）とは？　を簡単に説明していきます。ブッダが誕生した理由やその生涯を少しでも頭に入れておけば、本編で紹介していく「教え」の理解がさらに深まりますよ。

誕生

ブッダはインドの王子様だった！

インド北部のシャカ族の王子としてお生まれになったと言われています（およそ2500年前）。生まれたばかりのブッダがすぐに7歩歩き「天上天下唯我独尊（ありのままの私が一番尊い存在である）」と言ったのは有名なお話です。

生まれた時は「ゴータマ・シッダールタ」

生まれた時はサンスクリット語で「ゴータマ・シッダールタ」という名前を付けられました。母・マーヤーと、シャカ族の国王である父・シュッドーダナの間に生まれたブッダ。マーヤー夫人は、出産7日後にお亡くなりになったと言われています。

ってどんな人？

出家

王子として何不自由なく暮らすが…

その後、王子として何不自由なく育ちます。隣国の王女と結婚し、子どもも授かります。平穏で幸せな生活を送るものの、心の中にはいつも「この世において何が善であるか」という悩みを抱えていました。

妻子を残して29歳で出家

周囲の反対を振り切り、ブッダは妻と息子を城に置いて出家します。人々を生きる苦しみから解放する悟りを得るためです。ただひとりの従者だけを連れて、修行の日々を過ごしたと言われています。

前ページではブッダの「誕生」、そして「出家」を学びました。ここからは「降魔成道」ブッダが悪魔を退けて悟りを開いたこと、「転法輪」ブッダが悟りの内容を他の人に伝えたこと、「涅槃」ブッダがお亡くなりになったこと（入滅）を解説します。

降魔成道

6年間苦行を続けるも、悟りは開けず……

家を後にしたブッダは、その後6年もの間、過酷な苦行を続けます。しかし、なかなか悟りを得られませんでした。その後、「肉体を痛めつけても悟りは得られない」と、苦行を捨てることを心に決めます。

木の下で瞑想を続け、35歳でついに悟りを開く

いろいろな誘惑が魔物や美女に姿を変えて、心を動かそうとします。ブッダは誘惑と戦い、退散させることに成功します。その後も木の下で瞑想を続け、ついに悟りを開きます。目的であった「すべての苦しみから解放される」状態になったのです。

転法輪

35歳

80歳

悟りを開いたブッダは、その教えをより多くの人に伝えるべく各地をまわります。人が生きるうえで大切な「正しく生きる道」を説きました。様々な人がその教えに感銘を受け、弟子や信者が増えていきました。

涅槃

伝道の旅の末、 心やすらかに眠る

ブッダは80歳で亡くなるまで、多くの人々に教えを説き続けました。そして弟子や信者に見守られ、心やすらかな最期を迎えます。自ら苦悩を超え、弟子たちを教え育てたブッダがいたからこそ、今に仏教が伝わっているのです。

ブッダの教えを

「仏教」と聞くと、難しい・堅いという印象を持つ人も多いかもしれません。しかし実際には、小学生からお年寄りまで、誰でも理解できる教えなのです。ここではさらに、「ブッダの教えとは」をわかりやすく説明します。

前提 1

「ブッダを信じれば救われる」わけではない

ブッダを信じることは、もちろん大切なことですが、仏教の本質にあるテーマはあなたの「心」です。「心を育て、人格を育てよ」と説いたブッダの教えが仏教です。

ブッダの教えを学ぶことは、誰でも簡単にできるでしょう。しかし、自分自身の心と向き合い、それを変えていくには勇気が必要です。嫉妬や思い込み、妄想など、様々な壁を乗り超えていかなければなりません。その壁を打破し、心としっかり向き合うことができれば、あらゆる悩みや苦しみから解放されることができるのです。本書は、その「勇気」の手助けをします。

前提 2

必要なのはあなたの「勇気」

わかりやすく言うと

つまり、ブッダの教えを一言でいうと

「悪をやめて、善を行い、心穏やかに過ごす」

POINT 1

悪をやめるとは下手をやめること

仏教が説く「悪」は、必ずしも「悪いもの」ではありません。ここでの「悪」とは、「巧みでない、下手」であるという意味です。たとえば、皆さんが抱えている悩みの多くはお金や人間関係などからくるものです。これらを置き換えると、「お金や人間関係に悩む人は、お金や人間関係について無知で下手」ということになります。つまり、悪をやめるということは、無知な自分、愚かな自分に気づき、改めるということです。

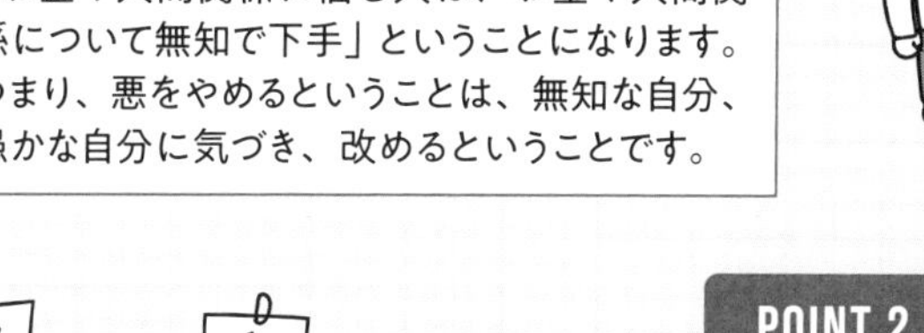

POINT 2

善を行うとは、巧みになれるよう努力すること

たとえばお金の悩みであれば、悩んでいるだけでなく勉強したり資格を取ったりして、給料のよい会社に転職する努力ができます。本書を読むことだって、「悩んでいる自分を変えたいから、ブッダの教えを学ぼう」という努力につながります。そうやって少しずつでも、巧みになれるように着実に歩んでいけば、残りの人生を「上手に、心穏やかに」過ごしていけるでしょう。

1

Chapter

BUDDHA NO OSHIE
MIRUDAKE NOTE

お金・仕事の教え

「お金が貯まらない」「老後が不安」など、ほとんどの人に共通するお金・仕事の悩みに役立つ教えをブッダは残しています。他人に相談しにくい内容だからこそモヤモヤする悩みですが、ブッダの教えには心が楽になる方法が数多くあります。

お金が入るかどうかで幸せを判断しない

本当の幸せを手に入れるためには、お金をどれだけ持っているかではなく「正しく損得勘定」をすることが重要です。

「痛みを避けて、快楽を得る」とは、すべての生き物の行動原理です。私たち人間も、誰もが「**幸せ**になりたい」と強く願って生きています。そして、多くの人はお金を稼げば幸せになれると信じているため、お金がなければ不安になり、あれば安心しがち。つまり、「お金がどれだけ得られるか」という**損得勘定**が幸せの基準になっているのです。仏教にも損得勘定の考え方は

お金がたくさんあることが幸せの条件？

あり、「幸福を願うならば、正しく損得勘定をしなさい」という教えもあります。これは、財産や高価なものを持つことを意味するのではなく、道徳や真理を身につけて「心と人格を向上させる」という考え方です。この正しい損得勘定をどれだけ選択できたり、選択しようと努力できるかが、幸せな人生となるかのカギになります。

KEY WORD → ☑ 執着、手放す、自由

手に入れたものに執着する心を捨てる

金品を求めると、仮に手に入れても次はもっと欲しくなります。そんな欲に振り回されると、いつまでも幸せにはなれません。

幸せの基準がお金だと、宝くじで100万円が当たったとしても、次はもっと欲しくなります。このように人は、一度手にしたことや手に入れたものに**執着**しがちで、それを**手放す**ことを考えません。むしろ、それを失うと不幸になると考えます。生きるに必要なものを求める心は悪くありませんが、手に入れたものに執着する心は、自分を縛ることと同じ。ブッダは、妻も子ど

執着が強いほど不幸

も王子の身分もすべて手放すことで、**自由**を得ました。そして自らの目的である「自分の心をおさめること」を求め、悟りを得たのです。そのときブッダは、家も財産もありませんでしたが、多くの人が食事や宿を与えてくれました。何も持っていないのにすべてが満たされていたのです。現代ではすべてを手放すのは難しいですが、手に入れたものに縛られない、執着する心を捨てれば、ブッダのように自由で幸せな心を手に入れることができます。

KEY WORD → ☑ 悩み、心の葛藤、心を守る

幸福のカギを握るのは自分の心に気づくこと

誰もがうらやむあの大金持ちも、実は心に大きな闇や葛藤を抱えています。大切なのは自分の心をしっかりと理解し、守ること。

現代は、大体のものは簡単に手に入ります。昔に比べれば、不自由ない暮らしと言えるでしょう。しかし、人々の**悩み**はいつになってもなくなりません。モノがたくさんあって、いつでも手に入る時代になっても、それが幸せとは限らないのです。どんなに高価なものが買えるお金持ちであっても、避けられない苦しみや悩みはあります。華やかで幸せそうに見える人も、周りに見せている

恵まれた人にも悩みや苦しみがある

姿とは違う**心の葛藤**を抱えているもの。お金や名声を得ても苦しみが消えることがないからこそ、自分の心を理解し、**心を守る**ことが大切です。心を守るためには、心が貪（とん）＝飽くなき欲求、瞋（じん）＝欲求が叶（かな）えられないことで湧いてくる怒り、痴（ち）＝これら苦悩の原因を知らない、であることに気づくことから始めましょう。自分の心を知ることが心をコントロールするための第一歩です。

心が苦しくなるしくみがわかると何が大事かわかります
仕事が苦しい
どうして苦しいの？
いつ苦しくてそう思うの？
自分にできないことを誰かができているとき
契約ありがとうございます
……
なるほど。相手と比べてしまったときね
比較している……
比較がうらやむ心を生み、それが自己嫌悪や苦しみを生むのです
相手
自分
でもあなたはその人にはなれないですよね？
他人にはなれない。比べてうらやましがるのがダメなのか！
自分の心に気づくとどうすればいいか見えてきますね

お金への執着を手放すと楽になる

私たちはお金を得たい、失いたくないと執着しがちです。しかしそれこそが苦しみの元なのです。

お金は日々の暮らしに必要で、お金をたくさん持っていること自体は、何も悪いことではありません。一方で必要以上のお金を得ようと躍起になったり、得たお金を失わないことに必死になったりする……つまりお金に**執着**することで、人は幸せから遠ざかるのです。仏教ではすべての物事は**諸行無常**であり、永遠に変わらないものなど何ひとつない、と教えています。お金も自分

たくさんお金が欲しいと思う理由は？

が死んだ後にお墓の中へ持っていけるものではありません。それなのに必要以上にお金を得たい、絶対失いたくない、と執着することは、お金に縛られ、お金の奴隷になることを意味します。お金に限らず、何ものにも縛られないのが本当の自由です。ブッダは王子の地位を捨てることで自由になり、この世の真理と向き合うことができました。楽に生きたいのなら、まずはお金への執着を手放すのが得策です。

本当に今必要なものとは？

05 嫌いな上司や同僚の不幸を願わない

誰でも嫌いな人や苦手な人はいるものです。しかし、相手の不幸を願ったりするのは自分の人格を汚すことになります。

相手にやられたことを何でも「**倍返し**」にするドラマが人気を集めましたが、仏教ではそのようなことは推奨されていません。ブッダは「あらゆる命に苦痛を与えることを望んではいけません」(『ブッダのことば　スッタニパータ』)と相手に苦痛を与えないばかりか、頭の中でそれを望むのもいけないことだ、と説いています。嫌いな人や苦手な人がいるのは仕方のないことですし、そ

倍返しでは幸せになれない？

れが毎日顔を合わせなければならない上司や同僚だとしたら、とてもつらいことでしょう。しかし、だからといって、その人たちの不幸を願うのは、すべての人の幸せと平和を願う**慈悲心**から遠ざかることです。相手を嫌ったり腹を立てたりすることは仕方がなくても、それを恨みや憎しみにまでこじらせてしまうのは、自分の人格を貶(おとし)めること……と肝に銘じましょう。

恨みの感情は人格を貶めてしまう

06 上司・同僚の喜びは自分の喜び

職場に嫌いな人がいたとしても、憎んだりするのではなく、その人の幸せを喜ぶほうが自分も幸せに感じるかもしれません。

前述のとおり、「嫌い」「苦手」という感情は本能的で仕方のないものですが、そのような感情を「恨み」や「憎しみ」に悪化させてしまうのは、あなた自身の心身にとってよくありません。「嫌い」や「苦手」が自然な感情の発露と言える一方、それらの初期感情が自分自身の**妄想**によってこじれてしまったのが恨みや憎しみだからです。そこで大事になるのは、「嫌い」「苦手」とい

「嫌い」の感情はこじらせやすい

う本来の気持ちと、「恨めしい」「憎い」という妄想を切り分ける**分別**(ふんべつ)になります。たとえば嫌いな上司や同僚だとしても、彼らに喜ばしいことがあったら「よかったね」と自分も喜んでみましょう。そうすることで、恨みや憎しみに支配されがちな自分の心を、生きとし生けるものすべての幸せを願う慈悲心で浄化することができて、気持ちが楽に、穏やかになるかもしれません。

分別を持つと見え方も変わる

07 他の社員と自分を比較しない

私たちはどうしても他人と自分を比較しがちです。しかしそのような気持ちは、心の安定の妨げになってしまいます。

人は、集団の中でどうしても周りの人と自分を比べようとしてしまう……ということが心理学でも明らかにされています。しかし、比較することが悩み・苦しみの元なのです。そのような気持ちを、仏教では「**慢**」と呼びます。これは世間でよく言われる慢心、つまりおごり高ぶることだけではなく、「自分のほうが優れている」「同じくらいだ」「自分のほうが劣っている」など、他

人は他の人と比較しがち

人と自分を**比較する心**を指しています。他人と比べておごり高ぶるのも、自分を卑下するのも、そして「どっこいどっこいだ」と安心しようとするのも、すべて「慢」の心です。慢の心を手放すことは、他人との比較をやめて自分自身と正しく向き合うことにつながります。比較によって無駄に一喜一憂することをやめることが、心を安定させる近道といえるでしょう。

マイナスになる比較はやめよう

KEY WORD → ☑ 第一印象、判断

08 相手のことをあまり早急に判断しない

人は、相手のことを第一印象などで早急に判断してしまうことがあります。それは本当に正しいのでしょうか？

私たちは他人のことを、**第一印象**やちょっとした行動などですぐに**判断**してしまいがちです。自己啓発本などでも第一印象の大切さが過度に強調されていたり、「好印象は見た目が９割」と書かれていたりします。しかし、清い人々であるかどうかは、長い間一緒に話し合ってみてわかることであり、短い期間ではわかりません。実際、その人がどんな人なのか、ある程度付き合って

第一印象がすべてを決める？

みないと本当のところはわからないでしょう。もっともらしいことを言っていても、本当は内面が伴っていない……というのは、その人の行動を長い間見ていればよくわかります。反対に、とっつきにくいと思っていた人が、長く付き合ってみると実はとても誠実なよい人だった、ということもあります。そしてこれは人だけではなく、仕事や学びといった、ものごとの善し悪しにも当てはまるのです。

人は長く付き合ってみないとわからない

自分自身を拠りどころに正しい損得勘定をする

人格を高めるのが正しい損得勘定です。では、人格を高めるためには何が必要なのでしょうか。

お金＝幸せではないことは前にもご説明しましたが、では、正しい**損得勘定**とは何でしょうか？　多くの人は損得勘定をするとき、それによって「金品や社会的地位、名誉など」を得られるかどうかを判断基準にします。しかし仏教では、「人格」を高められるかを判断基準にするのです。ブッダは「自分自身を拠りどころとしなさい。それ以外のものを拠りどころとしてはいけ

正しい損得勘定とは？

ません」と説いています。金品、地位、名誉を拠りどころとしたなら、それらを失ったときには、拠りどころを失うことになります。自分自身が拠りどころとなるように**努力**して自分を育てれば、金品、地位、名誉は後からついてくるのです。

損得勘定の基準は正しさ

10 豊かさは財産の多さではなく自分の心次第

自分の中にあるものが豊かに見えるのかそうでないのか、それはすべて自分の心のあり方にかかっています。

ブッダは「ものごとは心に基づき、心を主とし、心によってつくり出される」(『ブッダの 真理のことば・感興のことば』)と語っています。「ものごと」を「**豊かさ**」や「幸せ」という言葉に置き換えてみると、わかりやすいかもしれません。たとえば年収が300万円の人が、健康な体と仕事、狭くても雨風がしのげるアパートがあることに感謝し、たまに牛丼屋に行くのが楽し

お金や財産を捨てられる？

今まで積み上げたモノを捨てる?ムリよ!

キャリアを捨てたら給料下がっちゃうし

今までの苦労が無駄になるのはイヤ!

大変な思いをして貯めたお金を失うのは耐えられない

お金や家がなくなったら生きていけないわ

便利なモノやサービスを使えなくなるのはイヤ!

みだ……と言って暮らしているのと、年収が3000万円あって大きな家と車があり、毎日ステーキやお寿司を食べている人が、全然足りない、あれもこれも手に入らない……と言って過ごしているのと、どちらが「豊か」で「幸せ」でしょうか。豊かさや幸せは、財産など自分の外にあるものによるのではなく、自分の**心**のあり方によるのだ、ということがよくわかるはずです。

財産の多さで幸せが変わる？

思い込みを捨てて客観的に見る

思い込みは判断を誤らせます。ものごとを客観的に見るよう心がけましょう。

「ヘルプマーク」を着けている、体が不自由な人などを目にすることがあるでしょう。障害などがないように思われても、体の内側に不具合があってマークを着けている人もいます。ところが、電車などでヘルプマークを着けて優先席に座っている人に、「体が悪いようには見えないからそのマークを外しなさい」と言う人がいたりします。理不尽な文句を言う人は「この人に

あなたは名探偵？な人たち

本当は治ってるのにケガのフリだろう！
私に見抜けないウソはない！
ウソだ!!
イメージアップのためのポーズに違いない！
ボランティアのはずがない！
歩けるじゃないか
市民課
生活保護費の不正受給だ
誘拐犯に違いない！
児童誘導は仮の姿のはず
思い込みで判断してますね

は悪いところなどないはずだ、自分にはそう見える」「この人はウソをついているに違いない」という勝手な**思い込み**で、正義感に駆られて言っていたりします。このように、自分勝手な思い込みや自分の尺度でだけ見る視点は、ものごとを**客観的に見る**のを邪魔して、判断を誤らせる原因になります。思い込みで振りかざす正義感は、百害あって一利なしと言えるでしょう。

百害あって一利なしな迷探偵たち

12 忙しい毎日 安らぎは自分の中にある

お酒やタバコやギャンブルは一時の気晴らしにはなりますが、本当の安らぎではありません。

物価は上がり続けているのに賃金は上がらない世の中、多くの人が日々の糧を得るためにあくせくしています。そしてまた多くの人が、毎日のやりきれなさを何かで慰めようとしています。それはたとえば、お酒やタバコ、スマホのゲームやパチスロなどです。しかし、それらによってやりきれなさやストレスが和らいだとしても、それはあくまで一時的なものであり、実際には

一時の気晴らしはストレス解消になる？

世の中、不景気で
給料も増えない

毎日がつらいから
ストレス解消しなきゃ
やってられない

パチンコや競馬で
一攫千金をしたい

お酒を飲むと
忘れられる

スマホで動画見たり
ゲームするのが
気晴らしだ

手っとり早いけど
これナシになったら
どうしよう……

何かが解決するわけでもありません。つまり、一時しのぎの逃避にすぎないのです。しかし多くの人たちが、お酒を飲みすぎて肝臓を悪くしたり、スマホゲームに時間を奪われるだけでなくお金を無駄に失ったりしています。本当に**心の安らぎ**を得ようと思うなら、自分の外にある一時的な慰めに**依存**するのではなく、自分自身を見つめ直すことが大切です。安らぎは自分の中にあると知りましょう。

一時の快楽は逃避にすぎない

言葉のエチケットに気をつける

悪い言葉を使う人は周囲に嫌われ、人は離れていきます。善い言葉を使うようにしましょう。

ブッダは「善い言葉を語りなさい。悪い言葉を語ってはいけません」(『ブッダ 神々との対話—サンユッタ・ニカーヤⅠ』)と説いていますが、言うまでもなく、言葉はとても大切なもの。人間は言葉を持つ存在であり、コミュニケーションの多くを言葉で行うからです。そして現代はインターネット技術の発達で、私たちは遠く離れた外国の人と、簡単に話せるようになりました。そ

重要なエチケットとは……?

の一方で、SNS などに汚い言葉を投げつける人、誰かの投稿へのコメントに思慮のない発言を繰り返す人なども少なくありません。不用意な、無思慮な言葉の使い方は周りの人を遠ざけますし、たとえばそれがネット上での匿名の発言だったとしても、多くの人に不快な思いをさせ嫌われます。それで結局、幸せから遠ざかることになるのです。**言葉のエチケット**によく注意し、善い言葉を用いることで幸せが逃げないようにしましょう。

言葉のエチケットこそ大事

14 人格は「与える」ことによって成長する

人間関係はギブ・アンド・テイクと言われますが、まず与えること（ギブ）を優先することが大切です。

「誰かに何かを与える人は、友達ができて、決して孤独にはなりません」とブッダは『ブッダのことば　スッタニパータ』の中で語っています。そして**与える**ことは、人格を高める道として仏教では大切に考えられています。人に何かを与えようとする態度は、**慈悲心**から生まれます。慈悲心についてブッダは、「一切の生きとし生けるものは、幸せであれ」（同上）という言葉を残し

孤独に悩む人はどんな人？

ています。周りの人が幸せであるようにと願い、人に何かを与えられるような自分であろうと心がけることで、人格が磨かれるとともに、周囲との関係も良好なものになるのです。見返りを期待したり何を得られるかを考えるのではなく、まず与えることを何より優先しようというのが、周りの人も自分も本当の幸せに近づくことができる、正しいあり方だと言えます。

与える人には幸せが舞い込んでくる

15 相手への怒りをいつまでも引きずらない

怒りは誰にでも必ずある感情です。しかし、怒りの感情を引きずり続けるのは自分を痛めつけることになります。

ブッダは「**怒り**を断ち切って、安らかに臥す」と『ブッダ 神々との対話―サンユッタ・ニカーヤⅠ』の中で述べています。つまり、怒りの感情を抱えたままでは、安眠などできませんよ……ということ。仏教では、怒りを手放すことをとても重要視しています。怒りの感情というのは、一見相手・他人に向けられているようでいて、実は自分自身を痛めつけるものです。理不尽な

怒りが収まらないときは？

ことを言われた場合、誰でも腹を立てることでしょう。しかし怒りの感情を引きずって、いつまでも心に持ち続けるのは自分自身の心の問題になり、いらぬ喧嘩や失敗を生み出します。もちろん怒りの対象は嫌いな相手に限りません。誰に対するものであっても、怒りを引きずり続けるのは自分の心を疲れさせるだけなのだ……ということを意識しましょう。

怒りは持ち続けるほうが損

16 常に謙虚に学ぶ姿勢を忘れない

自分は何も知らない、と自覚している人こそ、謙虚に学び、成長することができます。

ギリシャの哲学者ソクラテスは「**無知**の知＝自分は何も知らないということを知っている」と説いたことで有名です。実は、同じようなことをソクラテスよりも100年ほど前、ブッダは『ブッダの 真理のことば・感興のことば』の中で述べています。「愚かな者が自分を愚かであると考えれば、その人は賢い者なのです」という言葉です。これは、自分は何も知らない、自分は愚

謙虚な心が何よりも大事

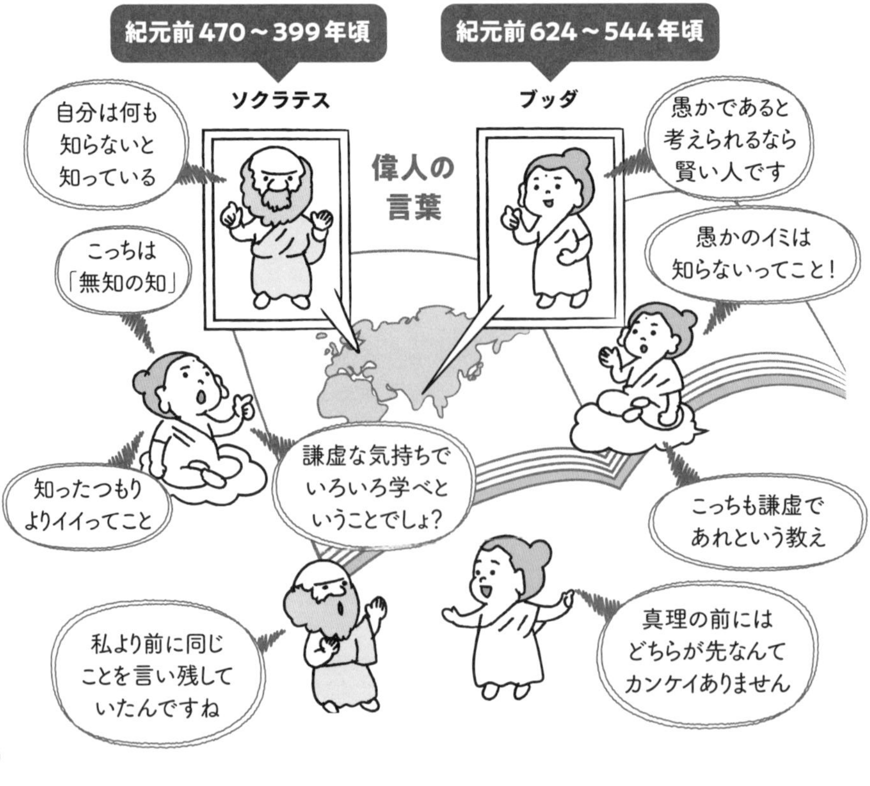

紀元前470～399年頃
ソクラテス
紀元前624～544年頃
ブッダ
偉人の言葉
自分は何も知らないと知っている
愚かであると考えられるなら賢い人です
こっちは「無知の知」
愚かのイミは知らないってこと！
知ったつもりよりイイってこと
謙虚な気持ちでいろいろ学べということでしょ？
こっちも謙虚であれという教え
私より前に同じことを言い残していたんですね
真理の前にはどちらが先なんてカンケイありません

かな人間である……ということを自覚している人は、その分**謙虚**に学び、成長する伸びしろがあるということ。もし自分は何でも知っている……と思っている人がいたとしたら、その人はそこからさらに学ぼうとは思わず、成長する可能性は閉ざされてしまうでしょう。いくつになっても謙虚に学ぶ姿勢を忘れなければ、人は一生成長し続け、人格を高めていく余地が残るのです。

人はなぜ謙虚であるべきなの？

KEY WORD → ☑ わかりやすい言葉、丁寧な言葉

指導者は言葉巧みであること

上司や指導的立場の人に大切なことは何でしょうか。ブッダは話し方が大切だ、と言っています。

ブッダは人格を高めて善く生きることについて人々に広めようとし、その教えは弟子たちに受け継がれました。ブッダが教えを説く際に、重要視して弟子たちにもよく言っていたことのひとつに、「言葉巧みであること」があります。言葉巧み……というと、「言葉巧みに人をだます」のように、マイナスのイメージがあるかもしれません。しかしそうではなく、「言葉巧み」の

感情的な言葉は心に響かない

なんで
できないの?

これくらい
カンタンよね?

どうして
わからないの?

よく聞いて!

私の言うとおり
やればイイの!

ふざけてる?
本気でやってる?

言い訳は
いらないわ

例としてブッダが挙げていたのは「**わかりやすい言葉**」「**丁寧な言葉**」を使って話しなさい、ということでした。最近は権力や権威のある人が周りの人たちを横暴・暴力的にコントロールしていたことで告発される、という事例が相次いでいますが、ブッダは人の上に立つ者は力によるのではなく、わかりやすい言葉を尽くして人々を教え導くことが大切だと説いたのです。

How（どうやって）の前にWhat（何を）

部下には いつも大らかな心持ちで

若い時の失敗は成長の糧。部下は大らかな心持ちで見守るよう心がけましょう。

ブッダは『ブッダの 真理のことば・感興のことば』で「怒らないことによって怒りに打ち克ちなさい」と説いています。私たちは日々いろいろなことで**怒りの感情**を抱いてしまいますが、特に会社で仕事をしていると、部下や後輩の失敗や未熟さをとがめることが多くなりがちです。ここで大切なのは、失敗に対して必要な注意や叱責をすることと、感情に任せて怒ることを切り

その言葉は注意？　怒り？

なんでそうなるのかなぁ？

そういうときは聞いてからにして！

決められた手順を守ってよね！

これくらいはできないとマズイよ

まいった……やらかしたね……

ちゃんと自分で考えた？

え、なんで？

分けることです。自分のことを思い起こせば若い頃にはいろいろなことをやらかしたり至らなかったり……ということもあったでしょう。人は努力を怠らなければ自然と成長していくものです。必要な注意や助言を欠かさないようにしながら、**大らかな心持ち**で部下や後輩の成長を見守る態度を心がけるのが、人を導く姿勢として正しいものと言えるでしょう。

気持ちは声音に表れる

COLUMN 01

「欲しい」の手放し方：執着

お悩み

30代男性

「ワガママな自分を変えたい！」

好きなことをしたい、好きな人に好かれたい……。そんな自分がとてもワガママだったと気づきました。すべて自分の思いどおりになってほしいと思う欲まみれの自分を変えたいのです。このままだと、こんなワガママな俺を好きになってくれる人なんていないかも……。どうしたら好きになってもらえるのでしょうか？　**変わり方を教えてください。**

大愚和尚の答え①

「ありがとう」の本当の意味を理解する

「ありがたい」を漢字で書くと、「有り難い」となります。これは「有(あ)ることが難(むずか)しい」という意味で、存在が難しいということ。現代風に言うと「ありえねえ」です。では、何がありえねえのか？　世界には80億以上の人がいて、いろいろなご縁があります。お父さんとお母さんが出会って、子どもが産まれ、子どもが育ち、いろんな経験をして、今がある。一歩間違えれば、違った人生だったかもしれない。そんなご縁の積み重ねにより、尊い今があることが「ありがとう＝ありえねえ」というわけです。**「ありがとう」と言うことは、今ある「ありえねえ」自分に感謝することなのです。**

大愚和尚の答え②

自分を少し抑えて、
他人のわがままにも付き合ってあげる

みんな自分が一番大事だと思っています。そのことは悪いわけじゃない。じゃあ、今まで自分のことだけを優先して生きてたかというと、そうではないですよね。でも、赤ちゃんはわがまま放題。好きな時に泣いて、好きな時に食べて、好きな時に寝る。当たり前ですが、赤ちゃんはわがままでも許される、かわいいから。でも大人になっても、赤ちゃんのように好きに生きてたら、かわいくありません（笑）。大人になっても、わがままを言いたいです。でも、そこは自分のわがままをちょっとだけ抑えて、他の人のわがままにも付き合ってあげましょう。自分ではなく、**他人を優先できるようになっていくことが成長するっていうこと。**それが「大人になる」っていうことなのです。

大愚和尚の答え③

昔のおばあちゃんみたいに
「ありがとう」を言う

「ありがとう、ありがとう……」昔のおばあちゃんたちはしょっちゅう、手を合わせていました。誰に？　自分自身に言い聞かせているんです。**自分が今あることに「有り難い」と言っているんです。**こんなわがままに生きてる自分に対して、誰かが親切にしてくれた。誰かが護（まも）ってくれた。「ありがとう」と手を合わせて言いましょう。そして今度は、自分のわがままを抑えて、他の人に親切にしましょう。普段から、今あるご縁と自分に感謝する「ありがとう」の精神があれば、すぐに言葉で表現できるようになります。その言葉が、「欲しい」という欲を和らげてくれますよ。

2 Chapter

BUDDHA NO OSHIE
MIRUDAKE NOTE

人間関係の教え

人が抱える悩みの中でも大きい「人間関係」は、解決が難しいもの。しかし、「好きな人に振り回される」といった恋愛についてから「善い友・悪い友の見極め方」などの友人関係についてまで、ブッダの教えにはしなやかな心を整えるためのヒントが詰まっています。

大切な人に与えられる人になる

自分が周囲から与えられていることに感謝して、周囲の人たちに与えられる自分を目指しましょう。

仏教では、人に「**与える**」ということをとても大切にしています。それは、人に何かを与えられる人になることを目指して言葉や行動を善いものにしていくことで、自分の心が磨かれ、人格を高めることができるからです。重要なのは、周囲の人たちに対する**感謝**の気持ちを常に忘れないこと。友人や家族がしてくれている何気ないことも、改めて思い返せば、自分はそれらの人た

与えられていることに気づく

ちから与えられている……ということに気づくでしょう。与えられることに慣れ、さらに求めることばかり増えて、自分から与えることをしなければ、それは相手から奪っているのと同じことです。そうなると、周囲の人もあなたに与えることの意味を考え直すようになります。与えられていることへの**感謝**を伝え、自分からも与える気持ちを持つようにすることが大切です。

与えられる自分になろう

KEY WORD → ☑ 執着、諸行無常

恋人や家族などの好きな人に執着しない

本来自分のものではないものを自分のもののように思い込んでしまうのが執着。それは苦しみの源となるものです。

何ものにも**執着**しないのが、楽に生きるための近道。「執着するもとのもののない人は、憂うることがない」（『ブッダのことば　スッタニパータ』）とブッダも説いています。これは、人間関係にも言えることです。この世はすべて**諸行無常**、恋人との関係も永遠ではなく、大事な家族とも必ず別れる日がやってきます。ところが、恋人も配偶者も子どもも友達も、いつまでもいるもの、

それは本当に愛？

つまり自分の所有物であるかのように思い込むことが、執着の原因です。実際に思いどおりにそばにい続けてくれるとは限りません。しかし、恋人と別れたことで、気も狂わんばかりに悲しみ、または怒り狂う人もいたりします。本来自分の思いどおりにならないものを自分の思うままにしたいという執着が、自分を追い詰めてしまうのです。

諦められない心こそ執着

KEY WORD → ☑ 自由、孤高

シングルでいることは実はチャンス！

自ら孤独でいることと、孤立してしまっていることはちがいます。ブッダは孤独でいることの大切さも説いているのです。

「聡明な人は独立自由を目指して、犀の角のようにただ独りで歩みなさい」というブッダの言葉が『ブッダのことば スッタニパータ』で紹介されています。友達や仲間の大切さについても多くの言葉を残したブッダですが、ひとりでいることの効用についても多くを語っています。ここで言う「**自由**」とは、自由気ままに好き勝手にしていい、ということではなく、執着やしが

孤独がさみしさを生む？

どうせ私はコミュ障。だけどさみしさは消せない……

あの子みたいに誰かを好きになってウキウキした日々を過ごせたらな……

私も誰かと会話したり好きを共有したい

モヤモヤ発散した〜い！スポーツやカラオケとか一緒にやれる仲間が欲しい

日々の不安や悲しさ……私の話を聞いてくれる誰かいないの！？

もうガマンできない!!! こんなふうに感じるの、私だけなの？　誰か!!

らみなどから離れて「自分に由（よ）る」＝自分を拠りどころとして生きること。また、「聡明な人」とは、自分の生きる目的をしっかり持っている人です。そのような人は、サイがただ１頭でまっすぐに歩いて行くように、誰にも邪魔をされずに自分の道を進めると説いているのです。つまり、孤独は恐れる必要はなく、むしろひとりで自分を高めることができる絶好のチャンス。そのときの「孤独」は「**孤高**」と言い換えることもできるでしょう。

孤独はマイナスではなくプラス

KEY WORD → ☑ 孤独、錯覚

まわりにも孤独な人はたくさんいると知る

孤独に悩む人は多いですが、ブッダはそもそも人間とはひとりで生まれてひとりで死ぬ孤独な存在だ、と説いています。

人はひとりでこの世に生まれてきます。そして死ぬときも、必ずひとりで世を去ります。親族や友人や地域とのつながりを失ってひとりで亡くなる人も、友達や家族に囲まれている人でも、最後は誰もがひとりで死んでいくものです。ですから、**孤独**のうちに世を去ることを必要以上に恐れる必要はありません。孤独と死を結び付けて考えず、人は必ずひとりで死んでいくのだと

孤独なのは自分だけ？

いう現実を静かに受け止めて、受け入れることが大切です。また、若い人でも孤独に悩むあまり死と結び付けてしまう人もいますが、「自分だけが孤独だ」というのは思い込み・**錯覚**です。誰もが目には見えないところで孤独を抱えています。年齢や性別を問わず、誰もが孤独に悩んでいて「自分だけではない」と気づくことができれば、深く悩む必要がないと思えるでしょう。

世の中の人はみなひとり

好きな人や大切な人に振り回されない

好きな人の態度や他人の評価などに一喜一憂する人は多いですが、ブッダはそのような態度を戒めています。

恋人の言動や態度に一喜一憂している人は少なくありません。ベタベタと甘えられて鼻の下を伸ばしたり、機嫌を損ねてオロオロしたりします。そのように好きな人や親や子といった大切な人の態度に振り回されてしまう人は、程度の差はあれ、相手に**依存**していると言えます。これは、昔からずっと誰もが陥ってきたことで、ブッダは「自分を拠りどころとしなさい」(『ブッ

自分を失う愛は危険!?

ダ最後の旅：大パリニッバーナ経』）と説きました。つまり、恋人も友達も、あるいは家族さえも、所詮は別の人格を持った他人であり、そのようなものに依存して振り回されるのではなく、自分をしっかり保って生きなさい、と言うのです。自分の心を他人に**コントロール**されるのではなく、自分でコントロールしよう、というのは、仏教における大事な基本の教えのひとつです。

自分の心をコントロールする

KEY WORD → ☑ 妄想、反省

過去の失恋にくよくよしない

過ぎ去ったことを悔やむのはよくあることですが、大切なのは正しく反省して、これからを善く生きることではないでしょうか。

起きてしまったことや、やらかしてしまったことを「後」になって「悔」やむのが後悔ですが、さらに、ずっと昔の失敗などを改めて思い出しては後悔する「思い出し後悔」などという言葉も生まれるほど、人は後悔をする生き物と言えるでしょう。特につらい失恋の痛手を引きずっている人は、「あのときこうしていれば……」「ああしていなければ……」とくよくよしてしま

過去の失恋は自分のせい？

いがちで、そのような人は新しい恋どころか、この先の人生そのものに絶望してしまうようなことも見られます。しかし、そのように過去のことを悔やんだり未来のことを恐れたりするのは、本当は必要のないこと。仏教ではそういう不必要な考えを「**妄想**(もうぞう)」と呼びます。私たちは過去を生き直すことはできません。これからを善く生きるには、過去の間違いを正しく**反省**し、未来によく活かせるよう考えることが大切です。

妄想して怖がる必要はない

07 他人の心はどうにもならない

他人の心は容易に変えられるものではありません。そんなことで苦しむより、自分の心を変えるほうが未来につながります。

近年、評判になった「アドラー心理学」では「相手を変えようとするのは無駄、自分のことをやりなさい」とわかりやすい説明をしていますが、実はブッダはアドラーより2000年以上前に「人は他人を清(きよ)めることはできない」(『ブッダの 真理のことば・感興のことば』)と説いていました。それぞれの人には、それぞれの考えがあり、他者が働きかけても**人の心**を変えることは容易では

相手にイライラしても何も解決しない

なんであの人は
ああなんだろう……

目が合っても自分から
あいさつしてこないし……

返事も聞こえない!
目を合わせない!
本当にわかってるの?

仕事はいつも指示待ち。
自分で考えられないの?

なんでいつも疑問形?
質問なのか報告なのか
わからないわ

上司への言葉遣い
とは思えない!
失礼じゃない!?

ないということです。ましてや、相手に何かを伝えようとする努力も、変化を促すアプローチもせず、ただ内心で他人に不満を持っているだけでは何も伝わりません。相手に伝えなければ相手は気づきもせず、さらに自分だけがストレスを積み重ねるばかりでしょう。そのようなことに時間を費やしているのは人生の浪費でしかありません。一番よいのは、相手を変えるのではなく受け入れ、**自分のやるべきこと**を見つけて、それを行うことです。

時間は自分のために使おう

08 全員と仲良くしなくていい

友人は多ければよいというものでもありません。全員と仲良くする必要などないのです。

交友関係の狭さを嘆き、誰とでも仲良くできない自分を不甲斐なく思う人がいます。しかし、そもそも誰とでも仲良くする必要などあるのでしょうか？ ブッダは「長く付き合ってみないと人のことはわかりません」と説く一方で、「悪い友と交わってはいけません」（『ブッダの 真理のことば・感興のことば』）とも語っています。他人とは長く付き合うべき、しかし誰とでも仲良くする

友人は多ければ多いほど幸せ？

のではなく、**付き合う相手**はよく選びなさい、ということです。不要な思い込みを排除して他人のことをよく観察し、好き・嫌いを軽率に判断することなく、それでも苦手な相手や、あるいは自分に悪い影響を与えそうな人などからは静かに離れるようにする……仏教ではそう教えています。これをきちんと実行すれば、別にたくさんの友人を持てなかったとしても、善い友人と良好な関係を育み、充実した人生を歩んでいけるでしょう。

友人は数ではなく質が大切!?

自分を高めてくれる真の親友とは

親友とはどのような友達かを説明するのは難しいです。しかしブッダは、具体的に４種類を挙げて説明してくれています。

ブッダは親友、つまり心のこもった真の友達がどういうものであるか、４種類を挙げています。それは、①苦しいときに助けてくれる人、②楽しいときも苦しいときも変わらず一緒にいてくれる人、③自分のためを思って話や忠告をしてくれる人、④自分を心から気にかけて同情してくれる人……の４つです。それこそが**親友**であり、そのような友達にはこちらも真心を持って

真の友達“親友”とは？

大切にしなければいけない、とブッダは説いています。耳に心地よいことを言うだけでなく厳しい**忠告**もしてくれて、一方で自分がお金や地位や肩書を失ったりしても態度を変えずにいてくれるような人です。そして大切なのは、自分も相手にとってその4つの要素を持つような友となれるよう、人格を磨き、高めていくことです。そうすれば、いつまでもお互いを高め合っていくことのできる親友という関係が続くでしょう。

お互いの助けになれてこそ親友

いい友達を作る7つの方法

善い友達を得るためにブッダが教えてくれる7つの方法は、今日からでも実行できることばかりです。

ブッダは「親友」について4種類を挙げて説明しました。真の友を得てよい関係を築いていくには自分の人格を高める努力が大切ですが、ブッダはそれについても7種類の方法を説明してくれています。これらを「**無財の七施**」と言います。①「眼施」(他者を温かいまなざしで見ること)、②「和顔施」(他者にいつも和やかな笑顔を向けること)、③「言辞施」(やさしく親しみの込

人格を高める7つの方法

心から信頼できる親友を作るには自らの人格を高めましょう

まずは「眼施」。他者を温かいまなざしで見つめることです

次は「和顔施」。いつもにこやかな笑顔で人と接することです

次が「言辞施」。やさしく親しみの込もった言葉を使うことです

次が「身施」。他人のために体を使うことです

次が「心施」。他人への思いやりの心を持つことです

次が「床座施」。場所・地位などを譲ることです

次が「房舎施」。住む場所や居場所を他人に提供することです

もった言葉をかけること)、④「身施(しんせ)」(他者のために体を動かして尽くすこと)、⑤「心施(しんせ)」(思いやりの心を持つこと)、⑥「床座施(しょうざせ)」(場所や地位や権利などを惜しまず譲ること)、⑦「房舎施(ぼうじゃせ)」(自分の家や部屋などを他者のために提供すること)という7つがそうです。たとえばバスや電車でお年寄りに席を譲るのが「床座施」と考えれば、誰にでも**実行**できる7つだということがわかることでしょう。

七施で誰からも認められる人になる!?

「悪い友」を見極めて遠ざける

あなたの周りには、悪影響を与える悪い友達もいるかもしれません。そのような人は遠ざける、または近寄らないのが賢明です。

4種類の「親友」がいるのと同じように、ブッダは「**悪友**」にも4種類いると説いています。それは、①与えず受け取ろうとするばかりの人、②口ばかりの人、③うわべだけの甘言を語る人、④遊んでばかりいる人、です。④の「遊び」とは趣味などのことではなく、お酒やギャンブルなどのことを指しています。この4種類の悪友を見分けるコツは、言葉ではなくその人の行動を見

その友人は本当に必要？

ること。たとえば、①は自分の利益やメリットばかりを追い求めて人に与えようとしない人、②は言葉だけで行動が伴っていない人、③は上司に媚びへつらってばかりいる人、日頃からそのような人ではないかに注目するとよいでしょう。お酒やギャンブルに溺れる④の人はもちろん、①〜③の悪友と付き合っていると、自分にも悪い影響を及ぼして身を滅ぼすことになりかねないので「悪友と付き合うな」とブッダは強く説いています。

破滅の道へ付き合う必要はない

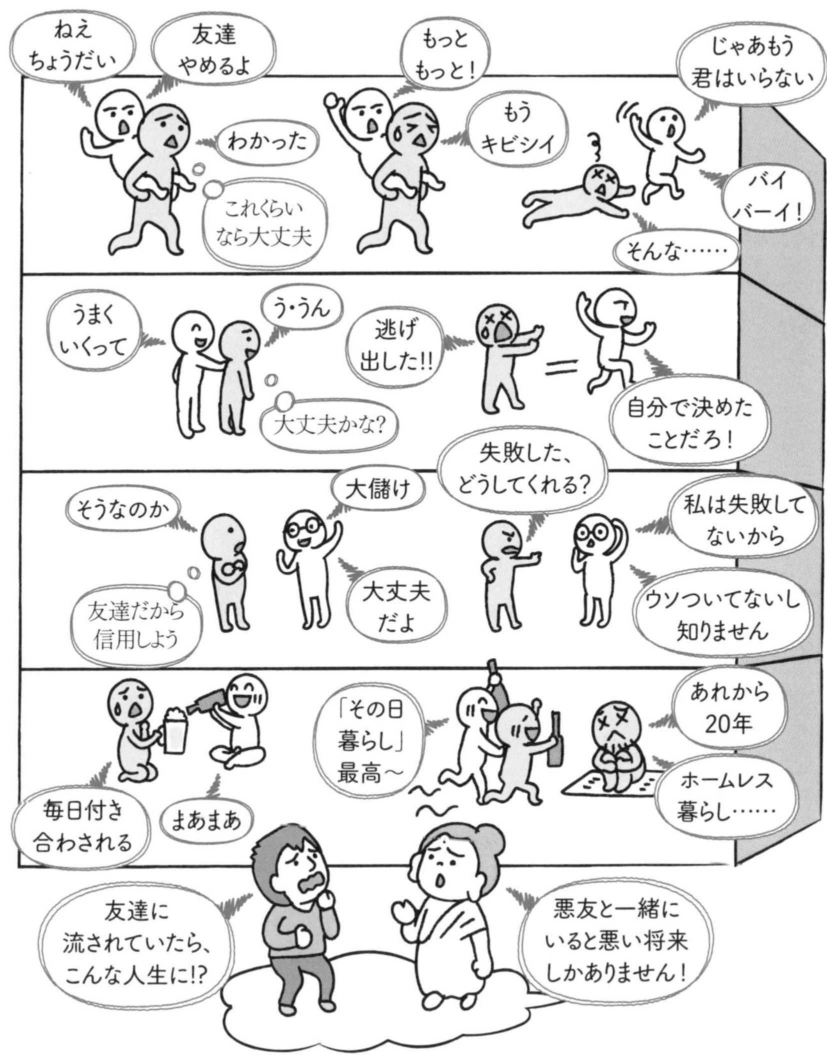

12 「善い友」を見極めて できるだけ近くに寄る

「善い友」とは自分に都合のいいことを言ってくれる存在ではありません。善い友をよく見極めるのが肝心です。

ブッダは『ブッダの 真理のことば・感興のことば』の中で「**善い友**と交わりなさい」と勧めています。ここで私たちが気をつけなければならないのは、善い友と悪い友をよく**見極める**ことです。これは、悪い友がいかにも耳あたりのいい言葉を並べて近づいてくる一方で、善い友が耳の痛い、辛らつな忠告をしてくることもあるからです。また、当たり障りのない言葉を交わすだけの

善い友は良薬と同じで苦い

友人も、善い友とは言えないでしょう。私たちは、自分のことを本当に思ってくれるがゆえにあえて言いにくいこと、そして時にはこちらも受け入れがたいようなこと……を言ってくれる善い友をよく見極め、その忠告に謙虚に耳を傾けなくてはなりません。善い友を見極めたなら、できるだけその人の近くに寄って親しく交わり、よい影響をお互いに与え合うようにするとよいでしょう。

自分を正す道に導いてくれる善き友

ブッダの教えをSNSに活かす

ブッダは2500年も昔の人ですが、その教えはすべて超情報化社会の今の世の中にも活かせるものばかりなのです。

電車に乗って周囲を見回すと、ほとんどの人がスマートフォンを見ています。自分自身も電車やバス、それ以外でもずっとスマホでSNSを見ている……という人は多いでしょう。しかし、世の中には「**SNS疲れ**」に陥っている人も少なくありません。その多くは、誹謗(ひぼう)中傷のコメントに傷ついたり、「いいね！」が付かないことを気に病んだりしています。ネットやSNSは便利で

SNSの誹謗中傷にご注意！

すが、付き合い方を誤ると心が乱れる元になるもの。そんな現代社会のツールと付き合っていくときも、ブッダの教えに助けられます。**悪意**や罵(ののし)りを受けても、それを受け取らなければ、それは自分のものにはならず相手に返っていく。他に心のよりどころを置かない、つまり他人の評価を気にしないようにする、などは、SNS とうまく距離を置いて付き合うための参考になるでしょう。

悪意は受け取らないのが正解

問題のない家庭は存在しない

家族間に問題があり、周りの家庭をうらやむ人がいます。しかし、円満な家庭ばかりというのは思い込みでしかありません。

家族の問題に悩む人は多く、家庭・家族間といったプライベートな話、しかも身内の恥は話したくない、と周囲にも相談できずにひとりで悩みを抱えがちです。そんな人は、周りの幸せそうな人をうらやんで「どうしてうちはこうなのだろう？」とため息をついたりします。しかし、実際には家庭の数だけそれぞれの問題があるもの。問題のない家庭など存在しない、と言えるでしょう。そ

家庭の問題はひとりで抱えがち

の問題の原因は、配偶者も子どもも自分の所有物ではないにもかかわらず、自分の思いどおりにはならないことに悩む心だとブッダは説いています。つまり「思いどおりにしたい」という思いに**執着**して苦しんでいるというのです。家族の関係には夫婦、親子などありますが、お互いに対する執着を捨て、自分の役割を果たしたら、あとは放っておくぐらいのほうがうまくいくでしょう。

隣の芝生ではなく自分の家庭を見よう

KEY WORD → ☑ 親の役割、過干渉

子に対して行う5つの役割

仏教で説いている、親が子どもに対して何を行うべきか深くを知ると、自分に何が必要なのかが見えてくるようになります。

家族間の問題の中でも大きなもののひとつに、子どもとの関係があります。仏教では『六方礼経（ろっぽうらいきょう）』という経典の中で、「子に対して行う５つの役割」が挙げられています。①子どもが悪いことをしないように注意する、②子どもが善いことを行うように指導する、③子どもに教育を与える、④子どもの結婚相手を見つける、⑤しかるべき時期に財産の管理を子どもに任せる、の５

親としての役割とは？

つです。④や⑤は現代の日本では必ずしも当てはまりませんが、今も変わらない普遍的なものは①②③の役割でしょう。ただし、**親の役割**だと言って、過保護・**過干渉**にならないように注意する必要があります。大事なのは「子どもは自分の所有物ではありません」という『ブッダの 真理のことば・感興のことば』にある言葉です。子どもに執着して過保護や過干渉になることはもちろん、親の役割を放棄して放置することは、絶対にしてはいけません。

やりすぎも放置もNG

親の恩を思い親を大切にする

昨今、親としてのあり方が非難されることもあります。しかし、完璧でない親でも恩はあるとブッダは説いています。

仏教の経典『**父母恩重経**（ぶもおんじゅうきょう）』には、**親の恩**が10種類挙げられています。親は子どもに、妊娠・出産の苦しさに耐えて誕生を喜び、お乳を飲ませて寝かしつけ、おむつを替え、自分の食事を抜いてでも子どもに食べさせ、子どものためなら悪事もいとわないほど愛し、成長して親元を離れればまた心配し、子どもが何歳になろうと親として変わらず愛し続ける、という十の恩を与え

どんな親に対しても恩はある

ているというもの。現代では問題のある親も多く、親の愛に恵まれなかったことに怒りや悲しみを感じている人もいるでしょう。しかし、「生きている」ということは大変貴重なことなのです。赤ん坊は誰かの世話がなければ成長することはできません。親でなくても、親代わりの人や近所の人、それ以外にも自分を気にかけてくれたすべての人がいたからこそ、今の自分があるのです。そういった人の恩を大切にするとよいでしょう。

十の恩とは？

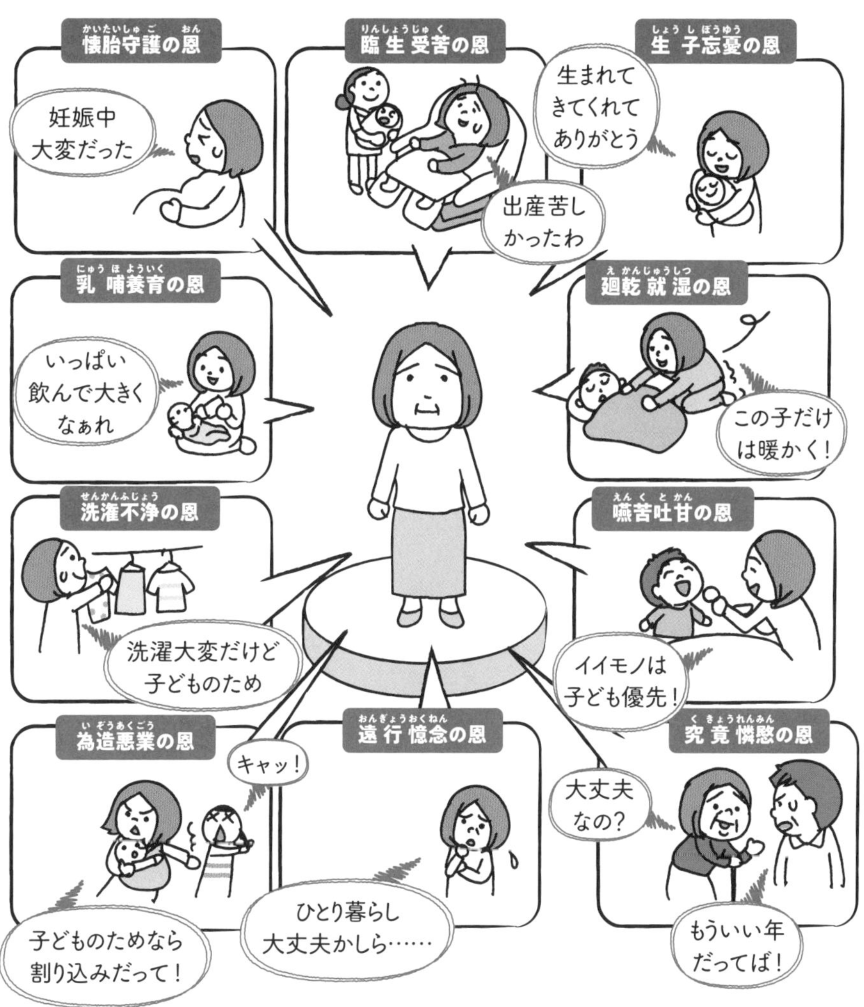

KEY WORD → ☑ 期待、甘え、尊重

家族であっても他人 期待しないで尊重する

家族は何でも言うことを聞いてくれる便利な存在ではありません。お互いを尊重することが大切です。

家族間のトラブルの根の深さは、その関係性の深さにあります。血のつながった家族ということで、友人・知人以上に依存しがちだからです。しかしブッダが子どもは自分の所有物ではないと言っているとおり、家族といえども別の人格を持った他人です。家族が自分の**期待**に応えてくれないという憤りは、「家族だから」という**甘え**から生じるのです。赤の他人に同じことをできる

家族だからこそ怒りが募る？

先輩が絶対大丈夫だというから会社設立の保証人になったのに……

先輩が会社の倒産で多額の借金を背負わされた……

親には年金暮らしでお金がないと断られるし……

姉にもお金は出せないと言われた……

弟には「自業自得だ」と怒鳴られた……

家族なのにみんなヒドイ！絶対に許さない……

か考えればわかるでしょう。家族に期待を裏切られたからといって怒ったり悲しんだりするのは、逆恨みともいえるでしょう。家族と良好な関係を保つには、過度な期待や依存をせずに、家族もそれぞれ独立した人格であると**尊重**することが大事です。成人してからの付き合いはもちろんですが、未成年の子どもであっても期待や依存を押し付けることはしてはいけません。

甘えたり期待したりするのをやめる

COLUMN 02

「モヤモヤ」の手放し方：怒り

お悩み

20代女性

「怒っている自分を抑えたい！」

最近、彼氏と喧嘩ばかりしています。些細なことが気になってモヤモヤしたり、何か言われてカッとなって言い返し、喧嘩になり、言い争うことが増えました。こんな自分は可愛くないし、怒っている自分を抑えたいけれど、どうしていいのかわかりません。**怒っている自分をコントロールする方法を教えてください。**

大愚和尚の答え①

怒りのメカニズムをよく理解する

怒りは「炎」に例えることができます。火を燃やすためには「燃えるもの」と火をつける「熱」、そして「酸素」が必要です。嫌なことがあったり、傷つけられると反射的に怒りも出てきますが、これが火をつける「熱」です。でも、「燃えるもの」を投入し続けなければ怒りは続きません。車の割り込みや彼氏との口げんかなど、突発的な怒り、つまり最初の火種が消えずに怒り続けているのは、**燃えるもの（相互攻撃）と酸素（その場、状況への固執）を投入し続けているからです。**「あぁ、私はこんなことが嫌で、怒り続けていたのか……」と心の炎を理解することが、まずは大事です。

大愚和尚の答え②

普段から自分の心を「内観」する

「内観」とは、自分の心の中に起こる感情と、そのときの自分の体の状態を客観的に冷静に観察することです。

1、「怒りの炎」に気づいて「初期消火」する

ボールが飛んできたら反射的にサッと避けますよね？　これと一緒で、相手の攻撃から自分を守るために自動的に出る感情が「怒り」で、防衛本能なのだと理解しておくことが大事です。そのうえで、「怒り」が発火してしまったことに気づいたら、**炎が小さいうちに「初期消火」するように努めるのです。**

2、「その場」から離れる

怒りを感じたときは、できるだけ早くその場から離れましょう。そして自分の部屋などひとりで落ち着ける場所に行って「私は腹が立っている！」「本当にムカつく」と怒りを口に出してみてください。**言葉にすると自分の感情を客観的に認めることができ**、次第に冷静になっていくことができます。

3、体の状態も言葉にする

怒りが強ければ強いほど体には変化が現れます。拳を握ったり、心臓がドキドキしたり、歯を食いしばったり、涙が出たり……そんな体の状態も言葉にしましょう。「頭がモヤモヤしてる！」と言葉にすることで**無意識の怒り（本能）を客観的に見る（理性）**ことができ、理性で怒りをコントロールしやすくなります。

3 Chapter

BUDDHA NO OSHIE
MIRUDAKE NOTE

将来・生き方の教え

人は楽しいこと、うれしいこと、悔しいこと、悲しいことなどの様々な体験を通して成長することができます。人生にはいろいろなことがありますが、どんなことでも立ち位置によって見える景色が変わってくること、すべては自分の見方次第というブッダの教えを学んでいきましょう。

過去はどうあがいても変えられない

過去のことを思い悩んでも、変えることはできません。ブッダは「過去は追うな」と言い切っています。

「**過去**の失恋」に限らず、同じことは過去の出来事すべてに当てはまります。人は記憶力が発達してきたことで、過去の経験を活かして発展できた事実がありますが、過去の記憶と**後悔**が結び付いて悩みの元になることも多くあります。しかし、後悔しても過去は変わりません。ブッダは「過去は追うな」「過去はすでに捨てられた」（『原始仏典』）と説いています。どうしても捨て

記憶力と想像力は人間を苦しめる

離婚したときにすごく心が傷ついた……

結婚してたときに、もっと話し合えばよかった…

次の恋愛をしてもまた傷つくかもしれない

傷つくのが怖くて前に進めない

られない場合には、次に同じような過ちを繰り返さないための**反省**材料と考えましょう。思い出にはつらいもの以外にも、幸せだったり大切なものもあります。そんな思い出も、懐かしむくらいに留めるべきです。「あの頃を取り戻したい」という執着にならないように、過去の思い出は善くも悪くも変えられないもの、と覚えておきましょう。

妄想せずに、今を大切に生きる

KEY WORD → ☑ 未来、不安、今

未来を恐れずに“今”に最善を尽くす

私たちは未来に不安を感じがちですが、ブッダは未来を恐れず“今”に最善を尽くしなさいと説いています。

人間は過去に対する記憶力だけでなく、**未来**に対する想像力も持っています。しかし記憶力が後悔を生み出すように、想像力は未来に対する**不安**や恐れを作り出してしまうことがあるのです。ブッダは「過去は追うな」「未来を願うな」（『原始仏典』）と説いています。未来に期待しすぎたり、不安がったりするより、「ただ今日すべきことを熱心にやりなさい」（同上）と語りま

悩みの先送りは解決にならない

最近仕事をしていても
楽しくない…

この仕事、
向いてない？

でも、転職までして
仕事を楽しみたいのか？
他にしたいこと
あるのでは？

転職すべき？

変化が怖いから
現状維持でいいか…

した。仏教では、過去を無駄に悔やむのと同様に、未来を無駄に恐れることも妄想として戒めています。まだ起きていないことを心配しても、想像が外れればただの時間の無駄です。未来の妄想のために今を無駄にするのではなく、**今**やるべきことに最善を尽くすべきでしょう。そのうえで起きる可能性が高いことであれば、不安がるのではなく備えをすればよいのです。

明日死ぬと思えば道が見えてくる

KEY WORD → 知足、あるもの

03 無いものではなく あるものに目を向けよう

幸せ・不幸せの原因を外にあるものに求めて執着するのではなく、自分に今あるものに目を向けましょう。

「お金が欲しい、あれもこれも欲しい」と欲しがる心を、「渇愛」と呼びます。これが、人の苦しみの源とも言えるものです。持っていないものを欲しがったり、失われたものを惜しんで嘆いても苦しみは消えません。『仏遺教経』には「足ることを知る者は、貧しい暮らしをしていても心は常に豊かなものです」とあり、これを**知足**と言いますが、自分の「**あるもの**」に感謝すれば苦し

失ったものばかりに目が向く

みがなくなるということです。貧乏であっても、お金がないと嘆いて立ち止まるのではなく、五体満足な体がある、命がある、ということに感謝する気持ちを持てば、そこから次の一歩を始めることもできます。執着する心と苦しみを生む「自分にないもの探し」ではなく、「自分にあるもの探し」をすることで、新たな自分の可能性を見つけられるようになるでしょう。

自分にあるものに目を向ける

04 苦しみの原因を知って向き合う

自分が苦しんだり悩んだりしているのはなぜなのかという原因にしっかり向き合うことが大切です。

世の中には何かに苦しんでいる人、悩んでいる人、不安に感じている人は少なくありません。「なんで？」と理由を聞くと「お金がない」「職場がブラック」「人間関係がダメだ」などといろいろな答えが返ってくるでしょう。しかし、「どうしてそれが苦しみや悩みなの？」と続けて聞くと、はっきりと理由を挙げられる人は多くはありません。それは、自分を客観的に見ることができ

苦しみを捨てるためには？

心が空っぽな
感じ……
さみしい

苦しみを抱えて
いますね

本当に友達と
呼べる人なんて
誰もいない……

会社にいても
外にいても息苦しくて
生きづらい……
こんな世の中イヤ！

浮気したカレと別れて
ひとりぼっち……
元カレのせいで
苦しい……

ていないからです。苦しんでいる自分、悩んでいる**自分を客観的に見つめる**ことで、自分がどうして苦しいと感じているのかという原因を探り、その**原因**と向き合って改善できないかと考える……、ブッダは「苦」の原因を探求することによって、悟りを得たのです。自分自身に「なぜ？」「なぜそれが？」という問いかけを繰り返して理由を突き詰めていくと、よい解決策を見つけることもできるでしょう。

03
将来・生き方の教え

05 相手ではなく自分のために生きる

仏教では他人に与える利他の精神を重要視しますが、それは他人のために生きることではありません。

仏教では人に与える「**利他**の精神」を重視していますが、利他とは「人のために生きる」こととはちがいます。たとえば、子どもを育てたり、年老いた親の世話をする人で「その人たちのために生きている時期」がある場合、子どもが独立したり親が亡くなったりすると、自分の生き方を見失って途方に暮れてしまうことがあります。このように「自分に何も残らなくても相手にすべて

それは本当に相手のため？

を差し出す」ことを促すものではありません。仏教で最も大事にされるのは、自分の人格を高めることです。人に何かを与えるというのも「人生を自分自身のものとしてより善く生きる」ためのひとつの方法でしかありません。自分の人格を高めるための利他は、自分のために行うことであると理解していれば、「自分のすべてを捧げる」などという誤った道を選ばずに済むでしょう。

その行動でなぜモヤモヤする？

コントロールできないことは考えない

何もしないで考えてばかりいていつのまにか時間だけ過ぎていた、とならないためにも、とにかく行動することを心がけましょう。

他人の心や未来を気にして、不安にとらわれてしまいがちな人は少なくありません。しかし、他人の心や過去は変えらず、未来は妄想でしかありません。自分がコントロールできないことをあれこれ考えることについて、「ひとびとがいろいろと考えてみても、結果は意図とは異なったものとなる」と『ブッダのことば　スッタニパータ』では語られています。自分がコントロールで

他人の心や未来はコントロールできない

きないことに執着してもストレスが溜まるばかり。あれこれ考えるより何をできるかを考えて、とにかく**行動**してみるほうが成長のチャンスを得ることができます。もし思いどおりの結果にならなかったとして失敗を糧にして次にうまくいくように行動すればよいのです。何もせず、ただ考えていても、成功も失敗も経験も得ることはできません。

よぶんなものを捨てることが大事

感謝の気持ちを忘れない方法

私たちが得られるすべてのことは、あたりまえではありません。小さなことにも感謝の気持ちを忘れないようにしましょう。

「お金を払っているのだから、いただきますなどと言う必要はない」と言う人がいます。これは、無知で思い上がった考えです。「いただきます」とは「命をいただきます」の略です。たとえば、身長50cm・体重3000gで生まれた赤ちゃんが170cm・60kgの青年にまで成長できるのは、それまで食べてきた他の命のおかげなのです。日本語の「**ありがとう**」は「有り難し＝ありえ

身近であるほど感謝を忘れがち

頼まれた仕事も
きちんとできないなんて。
使えない部下だな!!

仕事持ち帰ってるのに
食事なんて食べてる暇が
あるわけないだろ！

プレゼン準備で
忙しいんだから相談
なんて聞く時間
ないから！

遅くまで残業して
疲れてるんだから、
進路のことなんて
自分で決めろよ！

イヤな奴だと
思われてそうだな……

口に出してないけど
気持ちは伝わってるん
だろうな……

ない」という意味。今の自分の命が、生活が、ありえないほど多くの命や人々の犠牲や協力の上に成り立っていることを知れば、自ずと**感謝**の気持ちが湧いてくることでしょう。

「ありがとう」の言葉を口に出す

08 ありのままの素直な自分で対応する

日常の中で、話を「盛って」いることはないでしょうか？　大切なのは、ありのままの素直な自分でいることです。

SNSなどで自分のことを「盛って（アピールして）」いる人がいますが、誰にでも自分をよく見せたい、大きく見せたいという思いはあるものです。しかし、**ありのまま**の自分ではなく理想化された自分を見せようとすると、偽った理想の自分と現実の自分との間でアイデンティティが引き裂かれ、苦しむことになります。これをブッダは「誤った思いにとらわれ、最終的に真実に

偽ることは自らの心を苦しめる

今日もセレブ
ごはんよ！

星付きレストランに
行くために普段は
納豆ごはん……

ファンサービスで
撮っただけ
なんだけど……

実は……

あの人とも
仲イイのよ

トレーナー体験
1回だけなん
だけど……

見栄を張って
いることに対して
後ろめたさがある

はい
ストップ

見栄

事実

パーソナル
トレーナーつけて
自分磨き

罪悪感が
心を痛めつけて
しまいます

達することはできません」と語りました。つまり、よく見せたいと思っていると自分を高めることはできない、つまり幸せにたどり着かないと言うのです。一方で、ありのまま変わらないつもりでいても、すべてのものは「**諸行無常**」で常に変化しています。過去の「ありのままの自分」に執着すると苦しみが生まれるので、常に今の自分を見つめることが大切です。

ありのままで評価されるほうが幸せ

09 なすべきことを知り それに専念する

他人の評価を気にかけたり他人の悪口を言ったりするのは時間の浪費です。時間は自分のなすべきことに使いましょう。

『ブッダの 真理のことば・感興のことば』には「自分の目的を熟知して、自分のつとめに**専念**せよ」というものがあります。この「自分のつとめ」とは、自分の人格を高めるということ。**自分のなすべきこと**を知ってそれに専念している人は、周りの評価に一喜一憂することなく、我が道を迷わずに突き進んでいくことができるという教えです。SNS などで他人の悪口ばかり言う

人の悪口でうさ晴らしをしない

謝るってことは非難されても仕方ないんだろう
炎上
すみません
気持ちイイ!
うらやましいからディスろう
最近あのアイドル人気出たからってイベントで高飛車だ!
たしかにそうかも……
うさ晴らしにはこれだよな
それじゃあ成長はしませんよ
おい、お前!配信でもっと過激なことやれよ
ちょっとそれは……犯罪ですので……
いいからやれ!やれやれやれ!

人などもいますが、何が目的かと問われても答えは「暇つぶし」くらいでしょう。しかし、自分を高めて幸せを得るためには、そんなことに時間を費やしていられる暇などはありません。人は誰でも必ず死ぬときが訪れますが、そのときになって「あれをやっておけばよかった」と思うものです。悔いのない人生を過ごすためにも、自分のやるべきこと・やりたいことを早く見つけることに注力したほうがよいでしょう。

時間は浪費せず成長のために使う

自分の居場所は自分で作る

自分の人格を高めるためには、自分を大切にすることが必要です。そして自分を誰よりも大切にできるのは自分自身です。

自分の居場所がない、と嘆く人がいますが、他人に居場所を求めても解決にはなりません。『ブッダの 真理のことば・感興のことば』には、「自己を愛しいものと知るならば、自己をよく守りなさい」という言葉が紹介されています。「愛しい」とは「大切」という意味で、「守る」とは他者からの攻撃ではなく、自分で自分の心を汚したり傷つける「比較」「嫉妬」「恨み」「怒り」

自分で自分を苦しめている？

給料も低くて仕事量も多いけど転職するのは怖いし探す時間もない

学生時代の友達に今の自分を見せるのは絶対にイヤだ！

たまの休日も会う人もいないし、やりたいことも特にない……

通勤電車や会社にたくさんの人がいても孤独を感じる

俺の人生はこのままつまらないもので終わるんだろうな……

何かイイことないかな？宝くじ当たるとか遺産が急にもらえるとか

といった悪感情から自分を守りなさい、という意味です。自分の居場所を他に求めることも「なぜ・どうして」といった悪感情を生む原因です。居場所を求める心に気づいたら、座禅などで自分の内側に目を向けることが大切です。寺社や教会、自然豊かな公園など、静かな場所で心を整えたり、悪感情を掃除することで自分のあるべき姿に近づくことができるでしょう。

自分を助けられるのも自分

素直な人が孤立することはない

人に注意されて素直に受け止めるのは難しいことですが、素直さがあれば孤立することはありません。

他人からの意見や注意や忠告などを**素直**に受け止めることができる人は、周囲に嫌われることがありません。ブッダも「人から注意されやすい人でありなさい」と説いています。これは、意見や注意を受けたときに反発して「あの人には意見しづらい」と思われるような人は、他人からアドバイスを受けて改善する機会を失っていくことになるからです。そういう人は周囲からも

人の忠告を聞かないと損をする

孤立していきます。注意されて悔しく思ったり腹が立ったりする経験は誰にでもありますが、注意されなければ自分の過ちや未熟さに気づかず、成長の機会を失ってしまいます。「素直な人」はどんどん成長しますし、周囲も話しかけやすいものです。素直な人には周りも話しかけやすいものです。素直な人が孤立することは決してないのです。

素直な人は信頼される

「勝ち負け」にこだわらない

勝った負けたという考え方をするのは禍根を残すことになり、よくありません。勝ち負けへの過度なこだわりは避けましょう。

子どもの頃、家族でトランプやゲームなどをして、負けたのが悔しくて泣いた……という経験のある人も少なくないでしょう。泣くほどではなくても、多くの人はどうしても「**勝ち負け**」にこだわりがちです。これは、人間の本能的なものでもありますが、勝ち負けには時として遺恨が生まれ、後々まで尾を引くこともあります。たとえば、ボクシングのような対戦競技であって

誰かと比較すると心が汚れる

子どもの頃から
負けず嫌いだった

遊びでも仕事でも
負けたくない

先輩や同僚は
成績を競う
ライバルだ！

俺のほうがたくさん
働いているのに
給料が低い……

No.1 になるために
アイツの秘密をリーク
してやろうか……

アイツは女性だから
えこひいきされてるに
違いない！

も、相手に競り勝つという発想ではなく、「過去の自分を超えよう」という発想で取り組むほうが、真の強さを手に入れることができます。『ブッダの真理のことば・感興のことば』の中でブッダは「勝敗を捨て、安らぎに帰した人は、安らかに眠ることができます」と説いています。身の回りにおいては、過剰に勝ち負けにこだわることは避けるとよいでしょう。

比較するのは過去の自分

03
将来・生き方の教え

13 常に自分自身を省みる

人は自分の外側に目が向きがちです。意識して自分の内側に目を向けることが大切です。

『ブッダの 真理のことば・感興のことば』では「他人の過失は見えやすいけれども、自分の過失は見えがたい」という言葉も紹介されています。自分のことは見えていないもの、ということです。仏教では、人の五感（視覚・聴覚・嗅覚・味覚・触覚）を「眼」「耳」「鼻」「舌」「身」、心を「意」として、あわせて六根と呼びます。人は五感で外部の情報を取り入れ、受け止める器

うまくいかないのは誰のせい？

就活うまく
いかないな

世界で戦争も起きていて
情勢が不安定だから
景気がよくなると思えない

そもそもこんなに
景気が悪いから
就職先がない

有名企業は人気が高いから
選んでもらえないのも
仕方がないかな……

私よりランクが下の
大学なのに就職が
決まったとつぶやいている……

精一杯やってるのに
今の社会は理不尽だ

である心で判断したり記憶しています。五感は外側に向けがちですが、これを自分の内側にも向けてみましょう。たとえば怒りや悲しみといった負の感情は自分の内側から出てくるもの。しかしそこに目を向けず、原因を自分の外にばかり求めようとしてしまいがちです。自分の内面に意識を向けることで**自分自身を省みる**ことができ、自分の心に気づくことができるのです。

主観にとらわれずに客観視する

14 不安を「見える化」して対処する

ただ漠然と不安がっているのは時間を費やすばかりで解決しません。不安を「見える化」し、なくすための行動を起こしましょう。

未来を無駄に**不安**がらないためには、どのような対処法がよいのでしょうか。その方法として挙げられるのが、何かについてただ漠然と不安を抱いたままで悩んだり、あるいは不安を無理に振り払おうとするのではなく、その感情を認め、不安を感じている自分自身を受け入れることです。次に、自分が感じている不安を「**見える化**」して把握する必要があります。まずは自分の気

不安を放置すると恐怖になる

持ちにしっかりと向き合い、「自分の不安の正体は何だろう？」と落ち着いて考えましょう。そして正体が明らかになったら、紙などに書き出します。不安な事柄が書くことで明確になるので、その不安をなくすための**行動**に移ることができるのです。同じ悩みを持つ人の対処法をネットで探してみたり、カウンセラーなどの第三者に相談してみたりするのもよいでしょう。

不安は「見える化」して対処する

15 欲望に打ち克つのが本当の勝利

人は欲望に負ければ人生を台無しにします。欲望に支配されず、打ち克つ人こそが真の勝利者なのです。

勝ち負けにこだわらないことが大切と説明しましたが、自分の**欲望**に勝つことは大事です。自分に勝つことは「克己（こっき）」といい、正しくは「克つ」と書きます。ブッダは「戦場において百万人の敵に勝つよりも、ただひとつの自己に克つ者こそ、実に不敗の勝利者なのです」（『ブッダの 真理のことば・感興のことば』）と説きました。仏教では、人間の心に巣くう諸悪の根源は「貪（とん）（欲）」

三毒に支配されると不幸になる

「瞋（怒り）」「癡（無知）」という「**三毒**」であるとされます。あれもこれもと欲しがり、手に入らなければそのことに怒り、怒りの原因が自分の欲にあることにも気づかずに愚かなままでいること……すべては自分に発しているのです。この三毒に**打ち克つ**人こそが、人生における勝利者・成功者であり、それこそが真の幸福というものでしょう。

三毒を自覚することが大事

「絶対正しい」の固定観念は崩す

自分が絶対正しい、というのはほとんどが妄想です。人間の脳は思い込み・固定観念にとらわれているからです。

仏教では、人間が「眼」「耳」「鼻」「舌」「身」の５つで外にある様々なものをとらえているとされることは、前述のとおりです。そして、私たちが目や耳で見たり聞いたりしたことは、６つ目の「意」＝心を通して解釈されます。そのため、たとえば目の前に１万円札があったとしても、その１万円にどれほどの価値を感じるかは、人によってちがってきます。人間は自分の感覚

最初の決めつけが判断を鈍らせる

部下が落ち込んでいるじゃないか！アイツの指導はダメだ

この間、アイツの顧客がクレームを入れてきたらしい。やっぱりアイツはダメだ

アイツの近くで香水のような匂いがしたなぁ。浮ついているのでは！

アイツの出張土産硬くて食べにくかった。気がきかない奴だ

この間ぶつかったときずいぶん太ってたな。体調管理できてない！

最近のアイツにはガッカリだ今まで目をかけていたのに！裏切られた気がして腹立たしい

や判断が世の中の常識であり、自分は正しいと思い込みがちですが、その感覚や判断はその人その人の心に基づくもの。絶対的な基準ではないため、言ってしまえば、ほとんどが**妄想**にすぎません。自分の**正しさ**に自信を持つ人は少なくありませんが、「絶対正しい」というのは自分の妄想・**固定観念**・思い込みかもしれない……と自分を疑ってみることが大切です。

外の情報を判断するのは心

宿命のせいにしない

「どんな親の元に生まれるか」は宿命。「どんな人生を歩むか」は運命。宿命は変えられませんが、運命は変えられます。

よく耳にするようになった言葉に「親ガチャ」というものがあります。裕福な家に生まれるか、貧しい家に生まれるかを、「ガチャガチャ」になぞらえた言い方ですが、貧しい家に生まれたら這い上がるのは難しい**運命**だ、という考え方です。しかし、どんな家庭に生まれるかといった変えられない**宿命**ではなく、いかに生きるかという運命にフォーカスするのが仏教の考え方。

親のせいで不幸な人生？

幼い頃に父が蒸発してしまったせいで私の人生最悪だ

母が働きに出て幼少期はひとりぼっちでさみしかった……

貧乏でバイト代はすべて生活費に。大学は奨学金でなんとか

学生時代はバイトばかり。友達とちがって青春なんて楽しめなかった

父のせいで男性不信に。恋愛に臆病になった……

学費がかかりすぎるため医者になる夢は諦めた。今の仕事もマンネリでつまらない

「人は生まれや職業によって差別されるべきではない。行いによって尊敬されるべき人かどうかが決まる」というのものです。自分の境遇を親のせいと考えるのは損しかありません。仏教徒ではないマハトマ・ガンディーも、「人格が変われば、運命が変わる」と言いました。出自を嘆くことなく、人格を磨くことによって運命をも変えることができる……というのは、仏教に限らず、人としてのあり方を示していると言えるでしょう。

親のせいと考えるのは損

思い残しがないよう人生を整える

どんなに抗っても人は必ず死ぬ運命です。自分は必ず死ぬ、ということを意識して、悔いが残らない生活を送りましょう。

悔いをまったく残さずに亡くなる、という人はほとんどいないと言います。死ぬことより悔いを残すほうが怖い、と考える人は少なくありません。「十分な親孝行ができなかった」「友人と仲違いしたまま、謝る機会がなかった」など、悔いを残さずに一生を終えるのは難しいものです。多くの人は「やったこと」「してしまったこと」よりも、「やらなかったこと」「できなかったこと」

死を考えることから逃げない

友人が病気で亡くなって
その姿を見たらいろいろ
考えることが増えた

死が他人事でなくなった。
私だっていつ病気になって
死ぬかわからない！

地震や災害のニュースを
目にすると怖くなる。
明日死ぬこともあるかも

体が動くうちにもっと
いろいろやっておいたほうが
いいのかも……

昔の友人たちは何を
しているのかな……
連絡してみようかな

70歳を前にしても
死ぬ覚悟なんて
全然できてない……

を**後悔**して亡くなることが多いと言います。「やらずに後悔するよりやって後悔する」という言葉がありますが、大切なのは成すべきことをやっておくことです。自分はいつか必ず死ぬのだということを常に意識することで、成すべきことが見えるようになり、行動できるようになります。どのように生きるか、「死」を見ることで「生」が見えてくるのです。

死の恐怖の根源を知る

苦労の数だけ自分の力になる

有名な時代劇の主題歌に「人生楽ありゃ苦もあるさ」という歌詞がありますが、苦労はその人にとって大きな財産にもなります。

お金に苦労した、つらい別れを経験した、など世の中にはいろいろな苦しみを嘆き続ける人がいます。一方で、それらの**苦しい経験**を通じて学ぶところがあった……と考える人も少なくありません。苦しいときにその原因を見極めて正しく対処しようと努力することは、自分と向き合い、自分の内側を見つめることにつながります。そして苦しみを克服できたとき、苦しい経験が

つらい経験もマイナスとは限らない

若い頃から貧乏で
苦しい暮らしだった

親孝行する前に
両親が亡くなった

持病でずっと
苦しんでいる

仕事で失敗して
大きな借金を
抱えてしまった

相続でもめて
兄弟とも疎遠に
なっている

いろいろあったけど
それでも家族がいて
みんな元気にしている

大きな**力**になっていることに気づくのです。たとえば貧乏な暮らしをしているときなどは、遊びにお金を使ったりして気晴らしをすることもあまりできないことから意識が自然と自分の内面に向き、深く考えたり気づきを得たりすることもあります。人生山あり谷あり、デコボコなのが常ですが、デコボコ上等という心持ちで生きるようにしたいものです。

経験を力に変換するのは心

COLUMN 03

「焦り」の手放し方：不安

お悩み

男性大学生 20 代

「将来が不安で焦ってしまう……」

有名企業に就職して安定した仕事と生活を手に入れるのが夢です。早めに独学で就職活動を始めたり、会社の歴史や活動の勉強をするなどがんばっているのにまったく受かりません……。友人たちの朗報を聞くと自分と比べてしまい、モヤモヤしてしまいます。**将来を考えると不安でたまりません。** 僕はどうしたらいいでしょうか?

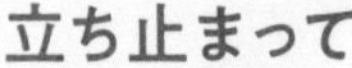

大愚和尚の答え①

立ち止まって「絵に餅を描いていないか?」確認する

お師匠さんと弟子のお話です。ある日、お師匠さんは弟子に「君はとっても頭がいい。お経本からではなく、君の感じていることから、何か人生の本質に関わることを話してみなさい」と言いました。弟子は一生懸命考えましたが、答えが見つかりません。お経本の中に書いてあることはいくらでも言えるのに、何も言えませんでした。困った弟子は、お師匠さんに助けを求めます。しかし、お師匠さんは「自分で見つけるべきもの」と言いました。たくさん勉強してきた弟子は現実にぶち当たって、すべての書物を焼いてしまいました。「今まで勉強してきたことはなんだったんだ……」とショックを受けます。その後、弟子は師匠の元を離れて、自分で修行をし、さとります。そして、書物の中にあることに、自分でつかみ取る真理というのはなかったということに気づくのです。このお話は、「絵に描いた餅（役に立たないこと）」の元となったと言われています。ここで言いたいのは、「一生懸命、絵に餅を描いていないか？」ということです。一生懸命努力して、叶わないとき、不安になって焦ってばかりいるとき。そんなときは、一度立ち止まって、本当にその努力は必要か？　間違った目標ではないか？　**今置かれている自分の状況を観察してみてください。**

大愚和尚の答え②

迷ったときは原点に戻る

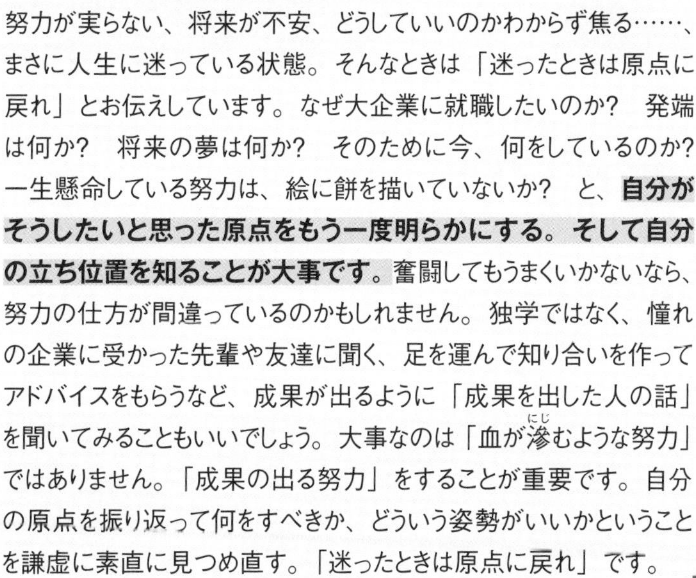

努力が実らない、将来が不安、どうしていいのかわからず焦る……、まさに人生に迷っている状態。そんなときは「迷ったときは原点に戻れ」とお伝えしています。なぜ大企業に就職したいのか？　発端は何か？　将来の夢は何か？　そのために今、何をしているのか？一生懸命している努力は、絵に餅を描いていないか？　と、**自分がそうしたいと思った原点をもう一度明らかにする。そして自分の立ち位置を知ることが大事です。**奮闘してもうまくいかないなら、努力の仕方が間違っているのかもしれません。独学ではなく、憧れの企業に受かった先輩や友達に聞く、足を運んで知り合いを作ってアドバイスをもらうなど、成果が出るように「成果を出した人の話」を聞いてみることもいいでしょう。大事なのは「血が滲（にじ）むような努力」ではありません。「成果の出る努力」をすることが重要です。自分の原点を振り返って何をすべきか、どういう姿勢がいいかということを謙虚に素直に見つめ直す。「迷ったときは原点に戻れ」です。

4

Chapter

BUDDHA NO OSHIE
MIRUDAKE NOTE

体と心の健康の教え

人は誰もが死を迎えるもの。 そのときが来るまで、 体と心の健康を保つことが、 後悔のない人生につながっていきます。 老いや死への恐怖を乗り越えて受け入れる方法や、 寂しさを抱えた心の救い方など、 人生がより豊かで、 より心穏やかになるような教えを参考にしましょう。

KEY WORD → ☑ 腹八分目、知足

01 食事は腹八分目を心がける

ブッダの時代、寿命は今より短いものでしたが、ブッダはとても長生きでした。その秘訣は「腹八分目」にあったようです。

ブッダは「食べ物を得ても食事の量を節することを知っている人にとっては、諸々の苦痛の感覚は弱まっていきます」(『ブッダ 神々との対話—サンユッタ・ニカーヤI』)と説きました。これは、体を大切にするには**腹八分目**ですよ、の意味です。この言葉通りに、現代に比べて衛生環境も悪く医療も発達していなかった2500年前のインドで、ブッダは80歳と異例の長生きを果たしま

「もっと欲しい」が止まらない？

した。現代のお坊さんも「足るを知る」（**知足**）の境地に生きるために小食が基本ですが、健康長寿な人がとても多いことにも注目です。歴史を振り返れば、多くの人が食べ物に困ってきましたが、現在は飢えの心配もなくなりました。しかし、欲望に任せて大量に食べると成人病などになって苦しみます。健康を維持できる最小限の量を摂るという考え方が大切です。

お坊さんはなぜ健康寿命が長い？

02 質のよい睡眠が心に潤いを与える

心身の健康のためには睡眠をきちんととることが何より大切です。寝不足だと物事を考えるときに集中することができません。

一日あたりの睡眠時間が5時間以下の人は、7時間以上の人に比べて免疫力が半分以下に落ちるとも言われていますが、十分な**睡眠**は本当に大切です。お坊さんの長生きの理由は「腹八分目」だけでなく、規則正しい生活をしてきちんと睡眠をとっていることも理由のひとつでしょう。睡眠は体の疲労を回復できるだけではなく、眠ると意識がなくなり何も考えない時間が生まれ

眠れない夜は心身に悪影響を与える

るため心の疲れもとれると言われます。つまり、睡眠は余計な考えごとを減らし、**心に潤い**を与えてくれるのです。質のよい睡眠のためには、昼間に陽の光を浴びて、しっかり体を動かし、なるべく22時には就寝するようにしてみるとよいでしょう。また、就寝時間が近づいたらスマホやゲームからは離れ、脳をリラックスさせるようにすることが大事です。

悩みは寝てから考える

03 健康に気をつけて生涯現役で働く

ブッダが長生きできたのも、健康な体があってのことでした。ブッダは人が第一に気遣うべきは健康だと説いています。

高齢になって生活の苦しさを訴える人は少なくありません。年金が目減りし続けている一方で、物価はどんどん上がる、これでは老後の生活が厳しい……と思っている人も多いかもしれません。そこで重要なのが、いざとなったらいつまでも働ける、**健康**な体を維持しておくことです。仏教には「健康第一の利」という言葉があります。これは文字どおり、健康は何ものにも勝

親世代よりも心配性な高齢者

るということ。ブッダは、その当時としてはかなり高齢の80歳まで長生きし、亡くなるまで仏教の教えを伝え続けました。年老いて衰えても死ぬまで「働かなければならない」と考えれば悩ましいですが、健康な体があって**生涯現役**で「働くことができる」と考えれば、これほど心強いこともありません。日々の暮らしを楽しめるのも、健康な肉体があってこそです。

健康に生涯現役を楽しむ

健康が失われても文句を言わない

万一健康が失われてしまったとしても、それで人生が終わるわけではありません。嘆かず前を向くことが大切です。

「健康第一の利」という仏教の言葉をご紹介しましたが、それは亡くなるまで健康なままでいられる人は稀であればこそ。むしろほとんどの人は、どこかで**病気**にかかったり**ケガ**をしたりするものです。特に年齢を重ねると、自然と体のあちこちが言うことを聞かなくなります。しかし、この世のすべては「**諸行無常**」であり、永遠に変わらないものなど何ひとつとしてありません。

悲劇は成功の始まり？

仏教は「健康第一の利」を説く一方で「病の苦しみは避けて通れないものだ」と教えています。健康が失われたことに文句や不平を言ってもよくなるものではなく、悲観して人生を諦めても何にもなりません。大切なのは、健康が失われたときにも静かに受け入れ、やれることに目を向けるようにすることです。

失くしたものより残ったものに目を向ける

04 体と心の健康の教え

05 自分の年齢を受け入れ ふさわしく振る舞う

年齢を重ねた人が自動的に尊敬されるわけではありません。年齢にふさわしい人格を身につけることが大切です。

近年「老害」という言葉がよく使われます。年をとった人が自分の古い価値観や知識を振りかざして若い人たちに偉そうな態度をとることを指す言葉です。また、コンビニやスーパーのレジなどで怒鳴り散らす「キレる老人世代」も問題になっています。そのように振る舞う人は、人生を重ねた自分は周囲から敬意を持たれて当然、というおごった気持ちを持っているのでしょう。

わがままな年寄りになっている？

こっちから連絡しないと自分の近況すら知らせない息子たちはヒドい！

優先席でなくても電車では年長者に席を譲るべきだろう！

孫の用事で里帰りできない？お年玉をもらうだけの恩知らずめ！

コンビニも役所も年寄りを待たせるなんて、けしからん！

今までの恩をちゃんと返す気があるのか!!

年をとったんだから俺は尊重されるべきだ!!

しかしブッダは「頭髪が白くなったからといって長老なのではありません。ただ年をとっただけならば“空しく老いぼれた人”と言われます」と警告しています。**年齢**を重ねてから本当に尊敬され、大事にされるのは、人生の修行を忘れず、自分の人格を高めることができた人だけです。そして人格を高めるための努力は、何歳からでも遅すぎるということはありません。

相手を尊重しない老人は嫌われる

06 若さに執着せず等身大で暮らす

人間が年をとるのは当然のこと。アンチエイジングなど気にせず、等身大で堂々としていましょう。

世の中には「アンチエイジング」「若見え」などに関する情報があふれ、年齢を重ねることに否定的な考えを持つ人が多くいます。誰もが加齢に抗(あらが)い、少しでも自分を若く見せようとしているかのようです。しかし、人はいつまでも若いままでいられないのは当然のこと。年齢を重ねる中で必要なことは、若さを保とうと必死になることではありません。高齢者が何とかして加

老いは誰にでもやってくる

齢に抗おうとする姿は、年をとるのが悪いことだというメッセージに見えるでしょう。お年寄りに本当に必要なのは、ありのまま**等身大**の自分を受け入れること。人が年をとるのはこの世の真理であり、年をとったことは何も悪くない、という姿を見せることでしょう。若作りに励むより、心を育てることに努める。丁寧に年を重ねたからこその品格があるのです。

若く見せたがるほど逆効果!?

病気は自分と向き合う絶好のチャンス！

病気になると何もできなくなり落ち込むかもしれません。しかし、自分と向き合う時間を得られたという考え方もあります。

自分の人格を高めることを目的とする仏教では、常に自分と向き合い、自分を見つめ直すことをすすめています。しかし、忙しい日常の中で時間をかけて冷静に自分を見つめ直すのが難しい、という人も多いかもしれません。そこで意外なチャンスとなるのは、**病気**などになったときです。体が思うように動かなかったり、どこかが痛かったりすると、先のことを考えて不安な思

病気をきっかけに何を思う？

健康診断でガンが見つかった

早期手術で治るらしいけどもしかしたら……

仕事漬けの日々から入院でやることがなくなった

このまま悪化して死ぬとしたらどうしよう……

子どもの成長も見れないし家族の将来がどうなるか……

何ひとつやり遂げた実感がないまま死ぬのはイヤだ！

いをする人も少なくありません。しかし、動けない状況であるからこそ、元気な間にはいつも外に向いていた感覚を自分の内面に向けることができます。なぜ病気になったのかを考え、日頃の生活習慣などを省（かえり）みるきっかけになるかもしれません。また、後ろを振り返る暇さえなかった自分の生き方を見つめ直して、将来についてより深く考える時間になることもあるでしょう。

後悔しない人生を見つける

08 日頃の積み重ねで善き心はつくれる

過去は変えられなくても、未来は変えられます。普段からの善い感情・行動の積み重ねで善き心を育むことはできるのです。

仏教では「人の心は、どうかするとその思い求めるほうへと傾きます」と説いています。これは悪い心を持たないよう戒める言葉で、「愚かなことを思えば愚かな心が多くなります」ということ。人は、特定の考えや行動を繰り返して**習慣**にすると、その考えや行動に対応する部位と脳とのつながりがどんどん太くなり、行動がさらに強化されていく……と現代の脳科学で明らか

悪い習慣は救いにならない

になっています。このことを2500年も昔にブッダは見抜き、繰り返し・習慣化によって強化されるのは、悪い心や行動だけでなく**善き心**も同様であると説きました。毎日善い感情を持つようにして、善い行いを習慣化するように心がけていれば、自然と善き心が育まれていきます。いくつになっても、いくつからでも、善き心は日常の積み重ねで育てることができるのです。

善い習慣でストレスも解消

04
体と心の健康の教え

自灯明＝自分の心は自分で救える

自分の心は自分で救うことができます。そのために必要なのは、自分をしっかり育てることです。

「神頼み」という言葉があります。苦しいときは神様に救ってもらう……という意味です。しかし、仏教では、「苦しいときにはブッダに救ってもらう」のではなく、「**自灯明**（じとうみょう）」＝自分を拠（よ）りどころとして生きる、というのが基本中の基本。つまり、神仏に頼るのではなく、自分で自分を救うということです。ブッダは、「自分の外に拠りどころを求めても、あらゆる苦悩から逃れるこ

救いは待っていても訪れない

とはできません」(『ブッダの 真理のことば・感興のことば』)と語りました。これは、神仏や他の誰かが救ってくれるのを期待しながらただ祈ることは、自分の外にあるお金や財産、お酒やタバコなどによって解決しようとすることと同様に救いにならないということ。拠りどころにできる自分をしっかり育てれば、自分で自分を救うことができると説いているのです。

立ち直るのはいつも自分の力で

後悔すること=心を自分で痛めつけること

失敗して反省することがあっても不要な後悔はしないようにしましょう。ただ悔やむだけでは解決にはなりません。

私たちは日々いろいろなことを考えますが、その中でしなくてもよいこと、するべきでないことのひとつが「**後悔**」です。ブッダは、**反省**は大いにすべきとする一方で、後悔はよくないと語っています。過去の失敗などを反省して改善することは有効でも、ただ悔やむことにはまったく意味がないからです。むしろ、変えられない過去を後悔することは、自分の心を自分で痛めつ

後悔しても過去には戻れない

10年前のアイデアが今や大ヒット！あのとき提出していれば……

一時退院した親を旅行に連れていけばよかった。高級宿にこだわるんじゃなかった……

妻を傷つけたあの言葉……過去に戻りたい

会社を辞めた同期の悩みを聞いてあげればよかった

この年になると後悔ばかりだ

若い頃から貯金しておけば今ごろは……

けることと同じ。後悔を少なくするには、何事にも主体的に取り組み、ベストを尽くすという意識を持つことが大切です。「言われたとおりにしたのにうまくいかなかった」「鵜呑み（うの）にするんじゃなかった」ではなく、「自分でそうすることに決めたのだ」ということを受け入れましょう。そうすれば自分が何をすべきだったのか、反省する部分が見えてくるようになるでしょう。

後悔ではなく反省をする

11 若いときに心と財産を育てる

自分の心を育てるのも、お金を貯めて老後に備えるのも、始めるのは若ければ若いほどよいと心得ましょう。

ブッダは「若いときに**心を育てる**こともなく、**財**を築くこともしなかったならば、魚のいない沼にいる鷺のように痩せて老いる」（『ダンマパダ』）と説いています。人格を高めるのは何歳からでも遅くない、健康であれば生涯現役で働ける、というのはもちろん真実ですが、若いうちから始めておくに越したことはないということです。年をとってからは若い頃より物覚えが悪く

今を見つめると将来も見えてくる

なるものであり、健康を維持して何歳になっても働きたいという願いを持っても、若い頃からの不摂生がたたって体がすっかり悪くなっていたら、実現が難しくなるのは誰もが想像できるでしょう。「失ってから気づく大切なものは健康な体と蓄え」という言葉もありますが、若いうちからコツコツと財を蓄え心を育てられるように努めることが末広がりの人生の秘訣(ひけつ)なのです。

年をとってからでも手遅れではない

死からは誰もが逃れられない

私たちは必ず死ぬ運命です。より善く生きるためにはその意識をはっきり持つことが大事です。

生きとし生けるものは必ず**死**を迎えます。この世の誰一人として、死から逃れられる人はいません。死を恐れ、逃れたいと考える人は少なくありませんが、どうあがいてもそれは不可能なことです。「『われらは、ここにあって死ぬはずのものである』と覚悟をしよう」（『ブッダの 真理のことば・感興のことば』）と説いています。本当に必要なのは死をむやみに恐れることではあり

死が現実に迫ると湧き出すのは？

ガンなんて
ウソでしょ?

子育てが終わって
まだ10年も経って
いないのに……

全然やりたいこと
できてないわ

あとどれくらい生きられる?
半年とか1年とかだと困る……
結果がわかるのが怖い

孫も生まれたばかり。
成長して結婚する
姿は絶対に見たい

どうして今までやりたいこと
ガマンしてたんだろう……
後悔しかないわ

ません。「どうせ死ぬのだったら、それまでできる限りしっかり生きてみよう」と考えてチャレンジすることが大切です。本当に恐ろしいのは、死そのものではなく、後悔を残して死ぬことです。「自分はいつか必ず死ぬ」「もしかして明日死ぬかもしれない」と意識することで、今日を無駄にしないために何ができるか、何をすべきかを考えられるようになるでしょう。

死への恐怖の正体を知る

KEY WORD → ☑ 大切な人の死を受け入れる、法要

大切な人の死を受け入れる方法

大切な人を失った悲しみを少しずつ手放していくためにも、供養はとても大切です。

愛する人、**大切な人の死を受け入れる**のは、とても難しいことです。しかしブッダは「死んだ人々はどうにもならない。嘆き悲しむのは無益である」（『ブッダのことば　スッタニパータ』）と断言しています。人が亡くなるのは自然の摂理であって、そのことを嘆いても仕方ないからです。とはいえ、その悲しみをすぐに手放すことなどできません。だからこそ、日本仏教では

死別の悲しみは手放し難いもの

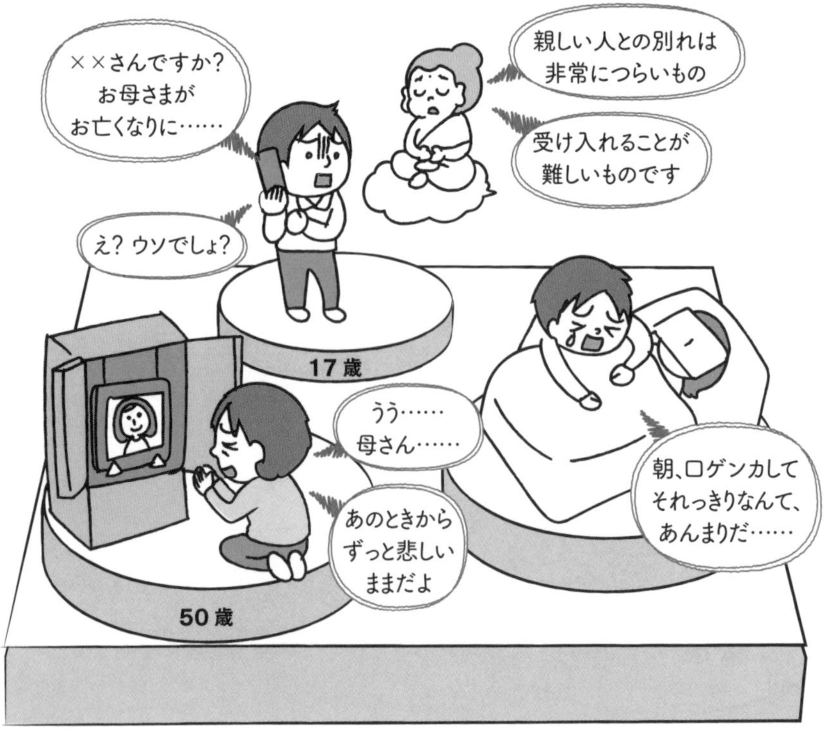

供養はお葬式、四十九日、一周忌、三回忌、七回忌……と**法要**を何度も行います。これは、残された人たちが仏の教えを聞き、段階を踏みながら悲しみを徐々に手放していくための導きなのです。近年は簡略化されることが増えていますが、法要を重ねることは亡くなった人を弔うだけではなく、むしろ残された人たちの心に寄り添い育むために深い意味があります。

無理なく悲しみと向き合う

絶望から見えてくるものがある

絶望してどん底に落ちたら、それ以上落ちることはありません。あとは上がるだけと思いましょう。

恋人と別れたり、職を失ったり……、時にはそんな不幸が訪れることがあります。しかし、**絶望**している状態が本当に人生のどん底なのだとしたら、それは「底を打った」状態とも言えるでしょう。そこで大切なのは「もうこれ以上落ちることはない」「あとは上がっていくだけ」と考えを切り替えることです。絶望というのは、それまで持っていた希望を**諦める**ことでもありま

立て続けの不幸は心を弱くする

結婚3年で夫が亡くなってしまった

死後に夫の莫大な額の借金が発覚した

浮気していたらしく相手の夫から慰謝料の請求が来た

夫の親には疫病神と言われ絶縁された

両親は他界していて頼れる人がいない

こんな人生もうイヤ!!

すが、仏教では「諦める」ことは「明らめる」、つまり明らかにすることと同義。つまり絶望とは、それまで希望していたことや進んでいた道が自分にとって本当に必要なことだったのか、自分に合った道だったのかを明らかにする儀式のようなもの。それまでの希望を諦めることは、新しい道を歩むチャンスでもあり、絶望から新たな希望が生まれるかもしれないのです。

絶望は新しいスタートライン

15 ゆっくり呼吸すると落ち着きと気づきを得られる

ゆっくり呼吸することは心身をリラックスさせます。そこから新たな気づきに結び付くこともあるでしょう。

座禅を組むときには、長く息を吐いて、ゆっくり**呼吸**するのが基本です。また、お坊さんが読経（どきょう）をするときも、やはり呼吸はゆっくりです。パニック状態になったときに、せわしく呼吸することから過呼吸を起こす人がいますが、反対にゆっくりと深い呼吸をすることには、副交感神経の働きを高めて、心身を落ち着かせ、**リラックス**させる効果があります。お坊さんが長生きな

ゆっくり呼吸でリラックス効果

のは「腹八分目の食事」「きちんとした睡眠」以外にも、座禅や読経などでゆっくりした呼吸で心身を整えることができているからかもしれません。ゆっくりと深い呼吸をして自分を深く見つめる時間。日常生活にそのような時間を持つことを習慣化すると、焦りや緊張、イラつきも減り、自分の心を穏やかにできるようになり、新たな**気づき**を得ることも増えるでしょう。

04
体と心の健康の教え

COLUMN 04

幸せの引き寄せ方

お悩み

女性 30 代

「自分だけ不幸せだと感じる……」

人と自分を比べてしまいます。同級生はみんな結婚して、妬んでしまう自分が嫌で距離を置いています。「私にはいい友達なんかいない、このまま年をとって一生孤独で幸せになれないんだ」と不安で仕方ありません。生きている意味を毎日考えてしまい、どうしていいかもわかりません。**私も幸せになってみたいです。**

大愚和尚の答え①

幸せは良い人間関係から生まれる

みんな「幸せ」になりたいと思っています。では、本当の幸せとは何でしょうか？　その正体は「**良質な人間関係が自分の周りにある」ということ。** お金があっても不幸そうな人、お金がなくてもニコニコして幸せそうな人がいます。お金があったら幸せというわけではないのです。何かあったら助けてくれて、あなたのことを思って話してくれたり、同情してくれたりする人。そんな自分にいい影響を与えてくれる人たちとよい人間関係を築くことこそが、本当の「幸せ」と言えます。

大愚和尚の答え②

善友を得る

良質な人間関係を作るためには、「善友」を探してください。善友とは、巧みで人格の優れた人のこと。善友の側にいて善友を見習うと、自然とあなたも相手の善友に育つのです。仏教が考える良質な人間関係は「友」です。もちろん幸せな結婚を望むのもよいですが、その前にぜひ**友という存在を育ててほしいと思います。**

大愚和尚の答え③

自分が与えることで「友」ができる

みんな自分に与えてほしいと思っています。優しくしてほしい、助けてほしい、大切にしてほしい、愛してほしい。ですが誰かからもらおうとする態度では、友はできません。**人からもらうということを期待するのではなく「自分から与えていくスタンス」に変えましょう。**身のまわりで「何か自分にできることはないかな?」と考え、実践してみてください。それが与えるということです。

大愚和尚の答え④

幸せは自分からつくりに行くもの!

幸せは願っていても訪れません。友は、お願いしてもできません。幸せは、自分からつくりに行くもの。自分から与えるものはないか常に考えるクセをつけましょう。感謝や承認のためではなく、相手の立場になって考え、与えることが大切です。**繰り返していくことで友ができ、世界が温かいと感じるようになります。**これが幸せです。

おわりに

「気づき」が人を成長させる

「怠ることなく励め」

これはお釈迦さまが亡くなる前、最期に残されたお言葉です。「嘆いている暇はない、怠ることなく励め」とお釈迦さまの死期が近いことを嘆く弟子たちに伝えました。これは「気づきを忘れるな」ということです。

「苦を手放し明るく生きる」ためには「あらゆる苦しみの源（みなもと）は、自分の心がつくり出している」ということに「気づく」ことが大切です。

ものごとが上手くいっていないときは、自分ひとりの場所を見つけて「私の心って最近荒れているな」「モヤモヤするな」と、自分をじっくり観察してみてください。これが「気づき」です。

また、「瞑想」することも気づきを助けてくれます。「何時間も座ってジッとする」「特別な場所で行う」といったことは不要です。瞑想に必要なのは、ひとりの時間と静かに自分の心を見つめられる空間だけ。お寺の座禅会に参加したり、難しければ神社や静かな公園、自然が豊かなところなど、「静かな環境」に身を置いて、自分で自分を振り返ってみてください。

寂しいとき、苦しいとき、つらいとき……人は居場所を探して「ほかの人」に頼ってしまいがちです。そして、その人がいなくなるとまた迷う……。そんな繰り返しではなく、自分自身が自分の居場所になりましょう。ひとりで静かに自分と対話する習慣をつくり、自分の中に「拠(よ)りどころ」をつくりましょう。

本当の癒やしとは、心の傷や寂しさを誰かに、何かに埋めてもらうのではなく、自分で自分の心を整え、清らかにすることによって得られるものなのです。そして、これができたときに人は「成長」できます。心の整理を自分ですることが癒やしであり、成長なのです。そのカギは自分自身に正しく気づいていること。楽しく気づき続けて欲しいと思います。

大愚元勝

主要参考文献・ウェブサイト

『自分という壁　自分の心に振り回されない29の方法』（大愚元勝 著、アスコム）

『和尚が伝える 心が軽くなるブッダの言葉』（大愚元勝 著、大洋図書）

『ひとりの「さみしさ」と うまくやる本―孤独をたのしむ。』（大愚元勝 著、興陽館）

『ブッダのことば　スッタニパータ』（中村元 訳、岩波書店）

『ブッダ 神々との対話―サンユッタ・ニカーヤⅠ』（中村元 訳、岩波文庫）

『ブッダ 神々との対話―サンユッタ・ニカーヤⅡ』（中村元 訳、岩波文庫）

『ブッダの 真理のことば・感興のことば』（中村元 訳、岩波文庫）

『ブッダ最後の旅：大パリニッバーナ経』（中村元 訳、岩波文庫）

『ダンマパダ』（今枝由郎 著、光文社）

『NHK「100分de名著」ブックス ブッダ 最期のことば』（佐々木閑 著、NHK出版）

『原始仏典』（中村元 監 森祖道・浪花宣明 編、春秋社）

『和文仏教聖典』（仏教伝道協会 著、仏教伝道協会）

PRESIDENT Online
『ブッダの教え「自分のためにお金を稼いでいる人は、決して幸せにはなれない」』
https://president.jp/articles/-/54278?page=1

『上司も部下も劇的にストレスが減る…ブッダが2600年前に説いた
「慕われる上司の5つの共通点」』
https://president.jp/articles/-/73481

『お金と健康、人生で本当に重要なのはどっち?…老後の不安に対してブッダが説いた
「4つの秘訣」とは』
https://president.jp/articles/-/72409

ダイヤモンド・オンライン
『僧侶が、長寿の職業と呼ばれる「5つ」の理由』
https://diamond.jp/articles/-/234762

STAFF

編集	木村伸司・北川紗織・山﨑翔太（株式会社 G.B.）
執筆協力	大越よしはる
本文イラスト	ふじいまさこ
カバーイラスト	ぷーたく
本文デザイン	別府 拓、奥平菜月（Q.design）
DTP	川口智之（シンカ製作所）

監修 大愚元勝　Taigu Gensho

佛心宗大叢山福厳寺31代目住職。慈光グループ会長。僧名「大愚」は、大バカ者＝何にもとらわれない自由な境地に達した者の意。駒澤大学、曹洞宗大本山總持寺を経て、愛知学院大学大学院にて文学修士号を取得。事業家・セラピスト・空手家といくつもの顔を持ち、「僧にあらず俗にあらず」を体現する異色の僧侶。令和元年に、仏教の本質に立ち返って「慈悲心、知恵、仏性を育む」ことを宗旨とする佛心宗を興し、従来の慣習や常識にとらわれない会員制寺院を創設し、新たなスタートを切る。住職としての職務や内弟子僧侶の育成のほか、「仏教の本質と実生活への応用」を学ぶことができる『佛心僧学院』、心技体を備えた次世代の経営者を育成する『佛心経営マンダラ』、仏教を体感で学ぶ『大愚道場』を運営するなど、様々な切り口から仏教を伝えている。主な著書に『苦しみの手放し方』（ダイヤモンド社）、『最後にあなたを救う禅語』（扶桑社）、『人生が確実に変わる 大愚和尚の答え 一問一答公式』（飛鳥新社）などがある。

人生のあらゆる悩みを2時間で解決できる!
ブッダの教え 見るだけノート

2024年4月29日　第1刷発行

監　修　　大愚元勝

発行人　　関川 誠
発行所　　株式会社 宝島社
〒102-8388
東京都千代田区一番町25番地
電話　営業：03-3234-4621
　　　編集：03-3239-0928
https://tkj.jp

印刷・製本　サンケイ総合印刷株式会社

ISBN 978-4-299-05333-6